AF315689

AUTEUR DES « PAILLETTES D'OR »

# LA VIE

# Après le Pensionnat

## COMPLÉMENT DE LA VIE AU PENSIONNAT

### PREMIÈRE PARTIE

I.   LA JEUNE FILLE ET LA FAMILLE
II.  LA JEUNE FILLE ET LA PAROISSE

AVIGNON
AUBANEL FRÈRES, IMPRIMEURS DE N. S. P. LE PAPE
et de Monseigneur l'Archevêque
1902

# La Vie après le Pensionnat

# LA VIE

# Après le Pensionnat

## COMPLÉMENT DE LA VIE AU PENSIONNAT

### PREMIÈRE PARTIE

I.   LA JEUNE FILLE ET LA FAMILLE
II.  LA JEUNE FILLE ET LA PAROISSE

**AVIGNON**
AUBANEL FRÈRES, IMPRIMEURS DE N. S. P. LE PAPE
ET DE MONSEIGNEUR L'ARCHEVÊQUE
1902

Avignon, le 30 Juin 1902.

Monsieur le Vicaire général,

Un nouveau volume sorti de votre plume vient de paraître et d'augmenter votre collection déjà si riche. Ce volume a pour titre : *La Vie après le Pensionnat*. Il forme la première partie d'une étude intéressante et grandement utile. Dans cette première partie vous y étudiez la jeune fille et la famille, la jeune fille et la paroisse. Je vous félicite d'avoir entrepris ce nouveau travail, dans lequel je retrouve toutes les qualités qui distinguent vos autres ouvrages. La jeune fille a un admirable rôle à remplir dans la famille; vous avez su le montrer avec une parfaite clarté, sans cependant négliger les détails que le sujet comporte.

Je vous remercie tout particulièrement de ce que vous avez dit sur la paroisse. Vous avez dit ce qu'est la paroisse, ce qu'elle est pour l'âme, ce qu'elle est pour le cœur; vous montrez ce qu'est l'esprit paroissial. Vous parlez du devoir que l'on a à remplir envers la paroisse et du zèle que l'on doit avoir pour les œuvres de la paroisse. Tout cela était nécessaire à dire à une époque où l'esprit paroissial est affaibli presque partout, et où l'on semble vouloir persuader aux catholiques que les œuvres se font mieux et se développent avec plus de succès partout ailleurs que dans la paroisse. Puisse Notre-Seigneur bénir ce nouveau livre et lui donner tout le succès qu'ont obtenu ses devanciers.

Recevez, Monsieur le Vicaire général, l'hommage de mes sentiments respectueux et tout dévoués en N. S.

† L. FRANÇOIS, *Arch. d'Avignon.*

# Rapport

## DE L'EXAMINATEUR

A Sa Grandeur

MONSEIGNEUR L'ARCHEVÈQUE D'AVIGNON

## MONSEIGNEUR,

Rendre compte de l'œuvre d'un auteur que l'on aime autant qu'on le vénère est chose douce et facile : Permettez que je remercie Votre Grandeur d'avoir bien voulu me confier une tâche, qui est pour moi un honneur et un bonheur.

Dans le creux des rochers, le voyageur rencontre, parfois, de minuscules petits lacs, dont le cristal limpide reflète tout un horizon, dans ses limites resserrées : Je voudrais, Monseigneur, être cet humble miroir, dont tout le mérite sera de réfléchir, bien fidèlement, l'image du livre que je dois vous présenter.

Depuis quelques années déjà, une grave question préoccupe les esprits : Le problème délicat de l'Education de la Femme a reçu bien des solutions diverses. L'auteur des

*Paillettes d'Or* apporte la sienne, moins audacieuse, moins éblouissante, mais plus féconde et plus solide peut-être, à mesure qu'elle est plus traditionnelle.

Quelques uns, appartenant à des milieux mondains, intellectuels ou universitaires, ont cru que le diadème de la femme devait être fait, avant tout, d'intelligence et de science.

Quand on lit les attristantes révélations de nos jeunes *Lycéennes* ou de nos modernes *Sévriennes* on se demande s'ils ont raison et si, vraiment, la science apportera la lumière et la paix dans l'âme de la Jeune fille et le bonheur dans son foyer ?

L'humble et pieux auteur des *Paillettes d'Or* a réfléchi sur la question avec sa longue expérience, acquise sous le regard de Dieu et avec son cœur de prêtre, qui sonde les profondeurs des âmes.

Certes, il ne nie pas l'utilité de l'étude et la valeur de la science, celui qui sait nous parler, avec une conviction si communicative, des naïves et pures voluptés de la lecture et du travail. Ils sont vastes les champs qu'il ouvre devant l'activité intellectuelle de la jeune fille : champ de la Foi, où elle apprendra la connaissance de Dieu, de Jésus-Christ, de ses saints, de sa doctrine, si ignorée de nos jours ; champ de la Philosophie, qui n'a d'effrayant que les mots sous lesquels on la dissimule trop souvent ; champ de l'Histoire, où elle s'exercera à juger les événements et les hommes ; champ de la Poésie, le meilleur auxiliaire pour grandir les âmes, en leur faisant aimer le Bien à travers le Beau ; champ de la Littérature et des Arts, qui rendent si joyeuses et si attrayantes les soirées de la famille.

Comme il cite volontiers la parole de M. Janet : « Le grand principe de la politique domestique est de faire que son intérieur paraisse au mari plus agréable que celui des autres. Or, ce qui répand le plus de charme sur cet intérieur et arrache heureusement le mari et la femme à la dangereuse clairvoyance d'une intimité trop prolongée : c'est la culture de l'esprit ».

Mais, comme il a soin de réclamer aussitôt ce que Fénelon appelle si bien : « la pudeur de la science » chez la femme.

Il trouve bon que la femme soit à la hauteur de l'homme, pour accomplir le désir sublime du Créateur : « *Faciamus homini adjutorium simile sibi* », mais il déclare que cela ne, pourra être, que si elle possède, en elle-même, cette qualité essentielle de la femme : cette vue surnaturelle, ce savoir-faire divin, qui, plus que l'intelligence et la science, ouvrent les âmes, assainissent les cœurs et subjuguent les volontés. Il nous le livre tout entier, le grand secret, lorsqu'il parle de l'influence de la jeune fille, dans les circonstance douloureuses : « Que fait-elle ? Que dit-elle ? Comment dit-elle ? Elle ne le sait pas elle-même. Elle *aime* ; et cette affection si pure, si sainte, si dévouée, lui fait trouver des paroles qui calment, des tendresses qui apaisent, des dévouements qui étonnent ».

.Voilà ce qu'aucun livre ne pourra enseigner, ce qu'aucun diplôme ne pourra fournir : c'est la clef d'or qui seule, ouvre les cœurs : la bonté, fruit de la piété, non pas d'une piété sentimentale, vers laquelle le cœur de la jeune fille ne se sent que trop attiré, mais d'une piété *d'action* qui inspire la générosité avec le dévouement.

Dans son dernier ouvrage : « *Facts and comments* » le chef du positivisme anglais, Herbert Spencer, laisse tomber, de sa plume octogénaire, cet aveu d'une âme qui commence à apercevoir les choses dans la lumière de l'éternité : Notre civilisation n'est qu'une rebarbarisation, grâce à notre manie éducationnelle qui a pour devise : « Lumière, Science, Instruction ! » On cultive l'intelligence, mais on néglige la sensibilité et l'émotion, le cœur et la volonté. Il faudrait substituer l'éducation morale et religieuse à l'éducation rationnelle, élever au lieu d'instruire.

On dirait que l'auteur des *Paillettes d'Or* sort de lire ces pages.

« Qu'une femme soit instruite, bonne, pieuse, c'est bien ; qu'elle sache aussi gouverner sagement sa maison, c'est mieux. Une mère de famille est placée par Dieu comme une Providence de tout ce petit monde qui l'entoure, qui l'aime, et qui a droit de compter sur elle. Il faut voir avec quelle science, j'allais dire quelle expérience des moindres détails, il enseigne à la jeune fille ces plus petits devoirs qu'il appelle : « presque matériels » : Entretien du linge, marché, livre des dépenses, calendrier de la cuisine. « Eh ! oui, il faut savoir cuisiner, mon enfant ! Toute femme doit savoir préparer au moins quelques mets agréables pour les servir à sa famille, le jour où une cause imprévue rendra la cuisinière incapable de remplir sa charge ».

L'auteur a intitulé son livre : « *La Vie après le Pensionnat* » Il prend la jeune fille à sa sortie du couvent où les vertus, pratiquées en commun, sont claires et faciles. Elle revient dans sa famille, non plus pour se reposer, s'amuser, se faire gâter comme pendant les vacances, mais pour se préparer plus directement à l'avenir, qui va commencer à la préoccuper, elle et sa famille. En face de l'horizon enchanteur qui s'ouvre soudain devant l'imagination et le cœur de la jeune fille et souvent la grise dès la première heure, surgissent des devoirs nouveaux.

Ce livre a été écrit pour les lui rappeler.

Il aura quatre parties : Devoirs envers la Famille, — envers la Paroisse, — envers le Monde — envers l'Avenir. Le 1er volume comprend les deux premières parties. C'est dans les chapitres sur les devoirs envers la famille que sont réparties les idées indiquées tout à l'heure. Comme il est noble et séduisant, cet idéal de la jeune fille, rayon de soleil, qui réchauffe les foyers où quelquefois il fait froid, et qui fait dire à l'auteur qu'une famille dans laquelle n'a pas vécu, grandi, agi une jeune fille, s'en ressent toujours comme un enfant qui n'aurait pas eu de mère.

Dans la 2e partie, pour faire naître dans l'âme de la jeune fille, l'esprit paroissial, il trouve des raisons qui méritent qu'on les pèse.

La paroisse, c'est la *maison paternelle, des âmes;* là elles jouissent, toutes, des mêmes privilèges, participent aux mêmes leçons, viennent s'asseoir ensemble à la même table. On y est beaucoup plus chez soi et on y reçoit beaucoup plus de grâces que dans toute autre chapelle, parce que, tandis que Jésus-Christ est dans les chapelles des communautés, spécialement pour les membres de ces communautés; dans l'église paroissiale, il est directement pour tous les membres de la grande famille.

Le curé de la paroisse a reçu de Dieu mandat spécial pour répandre sur ses ouailles doctrine, conseils, prières.

Chaque Dimanche il doit appliquer le saint Sacrifice pour ses fidèles, qui y recevront des grâces plus intimes et plus personnelles. Il doit aussi les instruire par les prônes suivis, qui, beaucoup plus que les sermons d'apparat, procurent cette instruction simple, régulière, méthodique qui entretient la science religieuse, si nécessaire à nos âmes.

Toutes les œuvres de la paroisse sont énumérées et appréciées. La liste en est close par cette réflexion, qui marque autant de sagesse que d'expérience : N'embrassez pas toutes les bonnes œuvres, n'accueillez pas toutes les dévotions, ne vous surchargez pas de toutes les prières.

Le livre entier dénote chez l'auteur la plus fine et la plus délicate science psychologique de l'âme féminine. Difficile psychologie que celle de la jeune fille, qui « dès les premiers jours de l'adolescence, commence à avoir des secrets, secrets impénétrables ».

On voit que l'auteur a étudié de très près cette âme délicate, avec le désir de la perfectionner, de l'humaniser, de la christianiser.

Comme elle est attrayante et salutaire, la lecture de ces pages, où l'on n'est point ébloui par l'éclat fulgurant d'un esprit hasardeux, qui cherche à faire admirer la nouveauté ou la hardiesse de ses idées, mais où l'on respire le doux parfum d'une âme, dont la bonté transpire sous l'écorce de chaque lettre, pour rendre les autres âmes bonnes et saintes comme elle.

Nous ne voulons pas nous arrêter à louer la disposition matérielle du livre, qui révèle dans l'esprit qui l'a dictée l'ordre le plus parfait, la clarté la plus exquise.

Après avoir dit que ce livre a été écrit pour l'œuvre du bien, par un cœur de prêtre, sous le regard de Dieu, n'en fait-on pas le plus bel éloge en ajoutant que c'est un nouveau joyau, tombé de la plume si fine, si colorée, si pénétrante de l'*Auteur des Paillettes d'Or*.

L'Abbé J. Aurouze,
Licencié ès-lettres
Professeur d'Humanités au Petit Séminaire d'Avignon.

# PRÉFACE

*CHEZ moi ! Avec mon père, avec ma mère ! Avec tous les miens !*

*Non pas pour deux mois de vacances, mais pour toujours !*

*Oh ! que je suis heureuse et que je vais être bonne. »*

Ce sont les premières lignes écrites le soir de son arrivée dans la maison paternelle, par une jeune fille sortie du pensionnat où elle avait passé toutes ses premières années.

## — XVIII —

*Heureuse ! Bonne !*

Deux paroles qui résument pour elle cette vie nouvelle qu'elle voit si brillante et si douce.

## I

### HEUREUSE !

C'est le rêve de votre imagination, pauvre enfant, rêve qui se met entre vous et la vie réelle, comme *un verre coloré* ne vous laissant voir *la vie* que sous une teinte qui n'est pas la vraie.

Heureuse ! C'est, vous le supposez, la vie toujours entourée de prévenances, comme elle l'est à cette heure,

la vie toujours rayonnante de jeunesse, de santé, de bien-être, sans devoirs pénibles à accomplir,

la vie toujours vous offrant une suite non interrompue de plaisirs, de fêtes, d'applaudissements, de succès,... voilà les émotions auxquelles vous donnez le nom du *bonheur*.

Mais le bonheur, mon enfant, ce n'est pas *tout cela*.

Cela, c'est du bruit,

c'est de la fatigue,

c'est le vide de l'âme,

c'est l'inquiétude du cœur,

c'est souvent le remords,

c'est toujours la déception.

Le Bonheur :

C'est la paix, au dedans, dans cet intérieur que remplit de son rayonnement divin la soumission affectueuse à la volonté de Dieu.

C'est l'accomplissement joyeux, quoique difficile quelquefois, de tous les devoirs qu'inspire la position qu'on occupe.

C'est — sous le regard de Dieu — le don de soi, de son temps, de son intelligence, de son savoir-faire, pour épargner aux autres une peine et leur alléger une souffrance.

C'est le sacrifice généreux et sans éclat de ses goûts, de ses vanités, de ses projets de fêtes pour procurer un peu plus de joie à ceux qui nous aiment.

C'est voir autour de soi tout ce monde qui compose cette si délicieuse réunion qu'on appelle *famille*, se dire *heureux* et entendre

au fond de son âme une douce voix murmurer : *C'est par toi qu'il est heureux.*

C'est pouvoir encore se dire : *On souffre
moins autour de moi, on redoute moins l'avenir, on espère avec plus de confiance, et c'est
par moi que le bon Dieu est venu à leur aide.*

Est-ce là le bonheur auquel vous aspirez,
mon enfant ?

Et cependant, c'est le seul *vrai...* et vous
pouvez le posséder. Dieu le met à votre portée
et nous voulons par ce livre vous en indiquer
la source.

Nous voulons vous le faire *sentir*, alors
même que viendraient s'appesantir sur vous
les douleurs physiques ou morales.

## II

### BONNE

Etre *bonne* c'est le cri de votre cœur, et ce
cri, nous l'accueillons avec enthousiasme
parce qu'il est le résultat de la présence de
Dieu en vous, — et de cette résolution prise
aux derniers jours de votre pensionnat, avec

tant de fermeté et de générosité : *Je serai utile à tous.*

Nous accueillons cette *volonté d'être bonne;* et c'est pour vous apprendre :

ce qu'il faut faire pour être bonne,

ce qu'il faut éviter pour rester bonne que nous écrivons ce nouveau livre.

Accueillez-le comme vous avez accueilli le premier : *La Vie au Pensionnat,* dont il est le complément.

Celui-là aussi, nous le confions à vos maîtresses pour qu'elles vous le remettent à votre sortie du Pensionnat, mais nous le confions surtout *à vos mères* pour qu'elles le lisent avec vous et vous encouragent à mettre en pratique les conseils qu'il vous donne.

# INTRODUCTION

## I

### Ce qu'est la Vie après le Pensionnat

A vie après le pensionnat, c'est le temps qui s'écoule depuis la rentrée de la jeune fille dans la maison paternelle, jusqu'à l'heure où après avoir vu, réfléchi, prié, demandé conseil, elle se détermine :

ou à embrasser la vie religieuse
ou à rester dans le monde.

Ces quelques années après le pensionnat, sont :

1. *Un passage,* ordinairement court, de la vie régulière de la pension à la vie plus indépendante du monde, vie à laquelle, sans bien s'en rendre

compte, aspire toute jeune fille arrivée à l'adolescence.

Il y a encore là — heureusement — une dépen-
dance de la famille qui tout en laissant plus de
liberté dans les actes de la journée et de la vie, règle
ces actes par la direction du père et de la mère, et
accoutume la jeune fille à ne pas livrer sa vie au
caprice du moment ou à l'entraînement de la
fantaisie.

2. Ces quelques années après le pensionnat, sont
des années pendant lesquelles vont *s'épanouir et
fleurir les semences de vertus et de science pratique
de la vie* jetées dans votre âme, dans votre cœur,
dans votre intelligence, chères enfants, avec une
délicatesse, une patience, une abnégation surtout,
que vous ne retrouverez plus, malgré l'affection dont
vous serez entourées.

Vos maîtresses, dès la première heure où vous leur
fûtes confiées, ont reçu de Dieu, leur Souverain
Maître, la mission de vous rendre *bonnes* — et sans
vous connaître, et sans rien directement attendre de
vous :

Elles ont constamment étudié votre *caractère* pour
le rendre bon, simple, aimable.

Elles ont fait pénétrer dans *votre âme* la pensée de
Dieu, l'amour de Dieu, le désir de plaire à Dieu.

Elles ont gardé *votre cœur* avec une sollicitude plus inquiète et, — laissez-nous vous le dire, — plus divinement aimante que la sollicitude de votre mère, pour le conserver pur, et le rendre généreux, fort, dévoué.

Elles ont fortifié *votre volonté* pour qu'elle ne faiblit jamais devant le devoir quelque pénible qu'il se présente — enrichi votre *intelligence* — dirigé et embelli votre *imagination* pour que vous fassiez la joie et la gloire des vôtres.

Elles ont *semé*... sans rien recueillir pour elles.

Semé *pour vous enfants,* afin que vous deveniez grandes et saintes ;

Semé *pour vos mères,* afin qu'elles trouvent en vous leur consolation ;

Semé *pour le bon Dieu,* afin que vous soyez pour lui des apôtres.

Maintenant, leur mission est finie ; elles vous ont fait leurs adieux avec des larmes ; et elles attendent de voir — de loin — le résultat de leur dévouement.

Fleurissez donc au milieu des vôtres. Soyez aimables, dévouées, utiles !

3. Ces quelques années après le pensionnat, sont surtout des années *de formation* pour *cet avenir* auquel jusque là vous ne pensiez que d'une manière

vague, mais qui commence à vous préoccuper vous et votre famille.

C'est l'heure où *celte formation* va devenir *plus directe.*

Elle se fera, petit à petit, sans aucune parole encore bien précisée, mais par les *conseils* d'ordre, de tenue, d'activité, de prudence, que vous donnera votre mère et qui seront mieux appréciés et surtout mieux compris.

Elle se fera, par *les exemples* que vous verrez autour de vous — *le travail* de votre mère, — *le soin* de tous les jours qu'elle apporte à une foule de détails — la manière dont elle élève, reprend, encourage, instruit vos petits frères et vos petites sœurs — les *rapports* qu'elle a avec les domestiques et les visiteurs...

Prêtez-vous donc résolument et avec générosité à tout ce qu'on demande de vous, et, dès les premiers jours, comme nous vous le dirons, mettez-vous à la disposition de votre mère pour partager avec elle son travail et alléger ses fatigues.

## II

### Ce que demande en général la Vie après le Pensionnat

Puisque la vie après le pensionnat est surtout une vie de *formation en vue de l'avenir,*

1. Il est nécessaire qu'il y ait en vous :

La *docilité* pour écouter ce qui vous est dit.

La *soumission* pour accepter, avec paix, *toute parole* qui blesserait votre amour-propre — *tout acte* qui vous paraîtrait un peu humiliant.

L'*attention* pour voir, pour saisir, même pour deviner tout ce qui se fait autour de vous.

La *bonne humeur* pour vous plier gaiement à ce qui vous est demandé.

La *force* pour soutenir des efforts qui vous seront pénibles quelquefois.

Ces vertus vous étaient *faciles* au pensionnat parce que vous n'étiez jamais seules.

A chaque heure on vous disait ce que vous deviez faire — à chaque devoir, comment vous deviez le faire. — Chaque jour on vous encourageait en vous donnant le résultat de votre application ou de votre négligence.

Dans votre famille, vous serez toujours livrée à vous-mêmes.

Oh ! que vous aurez besoin du bon Dieu, besoin de bien vous pénétrer de ce que nous vous dirons en parlant de *votre vie intime dans la famille* et du perfectionnement de votre âme !

. 2. Il est nécessaire qu'il y ait autour de vous *des exemples* sans doute, mais surtout *des leçons* fermes, précises, quotidiennes.

Les *exemples* ne vous manqueront pas : ils vous seront donnés par votre mère ; les *leçons* peut-être vous feront défaut.

Ah ! si pour faire de vous, cet *ange du foyer* que rêvent votre père et votre mère — cet *apôtre* sur lequel compte le bon Dieu pour le faire connaître et régner dans votre famille — cet *appui* qu'attend votre père — cette *consolatrice* que désire votre mère — Ah ! si l'affection suffisait, si le dévouement suffisait, si l'oubli de soi poussé jusqu'à l'héroïsme suffisait, nous n'aurions pas écrit ce petit livre, nous vous aurions laissées complètement à vos mères.

Mais les mères les plus dévouées sont souvent et presque toujours absorbées par les soins de la maison et elles n'ont pas *tout le temps* que demande l'éducation de leur fille, cette *seconde éducation*, complément nécessaire de la première qui, négligée ou faussée, a des conséquences à peu près irréparables. L'entraînement des affaires paralyse souvent la bonne volonté.

Les mères les plus dévouées n'ont pas toujours au degré qu'il faudrait *la vue surnaturelle* plus nécessaire pour l'éducation et la préservation d'une jeune fille, que la plus consommée des expériences humaines.

La vue surnaturelle fait *prévoir* un danger moral, habituellement ou caché ou amoindri aux yeux humains.

Elle fait *deviner* et, seule, peut *diriger*, ce qui se passe dans le cœur de la jeune fille qui aux premiers jours de l'adolescence commence à avoir des secrets — *Surveiller*, sans trop le montrer, les occupations, les lectures, les fréquentations, les sorties, les rapports avec les domestiques, les habitudes, les tendances à la solitude, la dissipation, le journal écrit en cachette et tenu soigneusement fermé...

La vue surnaturelle donne à un degré que n'atteint pas l'expérience humaine, *le savoir-faire divin* qui doucement et même agréablement instruit et dirige.

Ce *savoir-faire* divin parvient à faire accepter *une privation* jugée nécessaire — *un travail pénible* dont il ne montre que la joie — *un refus* qui blesse par lui-même et qui, grâce au tact avec lequel il est exprimé, ne laisse aucune impression fâcheuse ;

Donne *la force d'âme* nécessaire pour exiger un devoir religieux, ou un devoir de famille ou de convenance — pour demander un sacrifice — pour ne pas faiblir devant un entêtement ou devant des larmes.

O mères ! c'est pour vous venir en aide dans cette tâche si difficile de la formation et de la préservation de votre fille que nous vous offrons *ce livre*, fruit, nous le disons simplement, d'une longue expérience acquise sous le regard de Dieu.

## III

### Ce que produisent dans l'âme de la jeune fille les premiers jours de sa Vie après le Pensionnat

1. Cette *vie après le pensionnat* est si différente, pour la jeune fille, de sa vie au pensionnat, elle vient si subitement succéder à cette première vie, rompre presque sans transitions des habitudes de huit ou dix ans, — que devant l'esprit, l'imagination, le cœur de cette jeune fille, arrivant dans sa famille non plus pour y passer *deux mois* comme pensionnaire en vacances, mais pour y rester *toujours* comme enfant de la maison, s'ouvre tout *un horizon nouveau*.

Horizon brillant, horizon enchanteur qui, pendant les premières semaines, la met comme hors d'elle-même.

Il y a bien là une chambre, une maison, des murs comme au pensionnat, mais ces murs, cette maison, cette chambre ont un aspect qui la ravit et fait naître en elle des impressions de paix et de joie qu'elle n'avait jamais encore senties.

Certes, elle aimait son pensionnat, mais *sa maison,* la maison de son père, de sa mère, la maison de sa petite enfance, qui va devenir pour elle — elle le croit simplement — *sa maison pour toujours,* elle l'aime, non pas davantage peut-être, mais d'une affection qui a quelque chose de plus grand, de plus complet, de plus saint.

Et elle ne se lasse pas de regarder tout ce qui l'entoure, de parcourir tous les appartements de cette maison, de venir et de revenir dans sa chambre à elle, la chambre où elle sera chez elle.

2. Cette *vie après le pensionnat* n'aura pas seulement, dans ses premiers jours un horizon nouveau, à l'imagination et au cœur de la jeune fille,

Elle lui présentera aussi *toute une série de devoirs nouveaux.*

Et elle entend la voix de sa conscience, avant même celle de ses parents, qui les lui impose.

Elle comprend que l'heure est venue de réaliser cet ardent désir de son cœur :

*Etre utile à ceux qu'elle aime.*

Oui, jeune fille, jusqu'à présent, au pensionnat, on a :

par l'*obéissance,* assoupli votre caractère,

par l'*étude,* éclairé votre intelligence et développé en vous le goût du beau et du bien,

par la *réflexion,* formé votre jugement,

par la *vie régulière,* dominé votre vivacité,

par les *pratiques pieuses,* dirigé vos pensées habituelles vers Dieu le *Maître* et le *Père.*

L'heure est venue de mettre en œuvre tous ces trésors amassés :

L'heure du dévouement,

L'heure du bien à faire,

L'heure de vous montrer reconnaissante envers ceux qui ont tant fait pour vous.

3. Les *Devoirs nouveaux* que présente la vie après le pensionnat ont pour objet :

I. LA FAMILLE

*Votre famille.* Vous venez vous y fixer ; vous venez y vivre de votre vie d'enfant sans doute,  mais d'enfant qui ne cherche plus seulement à être aimée, mais *à se dévouer.*

Sans retard, mettez-vous à l'œuvre. Nous vous dirons ce que vous devez faire.


### II. LA PAROISSE

La paroisse est la famille de votre âme.

Là, est placé par Notre-Seigneur Jésus-Christ, sous la direction de ses prêtres :

La *source* qui alimente le dévouement — qui ranime la vie quand elle se sent diminuée — qui ravive l'affection de la famille quand elle semble éteinte — qui donne la force quand elle semble affaiblie,

La *lumière* qui dirige et qui rassure dans les inquiétudes.


### III. LE MONDE

Le monde, c'est l'ensemble des personnes qui vivent en dehors de votre famille et parmi lesquelles vous serez, petit à petit, introduites.

Le monde — un certain monde surtout que vous ne connaissez pas — vous effraiera un peu tout d'abord, mais ne laissera pas d'exciter votre curiosité, votre désir de le connaître et de le fréquenter.

Il se montrera quelquefois éblouissant, attirant, fascinant.

## IV. L'AVENIR

Avenir ! mot mystérieux qui, à votre âge surtout, fait passer devant votre imagination tout un monde qui attire et qui repousse — qui plaît et qui fait peur — qu'on désire et qu'on redoute.

L'avenir ! *votre avenir*, nous vous en parlerons ; et dans ce livre que nous vous offrons, les pages qui vous feront entrevoir *ce que vous pouvez être* seront certainement les plus lues.

## IV

Plan du Livre : *La Vie après le Pensionnat.*

Quatre grandes divisions :

I. La jeune fille et la famille.
II. La jeune fille et la paroisse.
III. La jeune fille et le monde.
IV. La jeune fille et l'avenir.

# LIVRE PREMIER

## LA JEUNE FILLE ET LA FAMILLE

# LA JEUNE FILLE ET LA FAMILLE

## Sa Vie — Son Influence — Ses Devoirs

# CHAPITRE PREMIER

## La Famille

NOUS aurions pu nous dispenser, peut-être, de dire *ce qu'est la famille*, nous occupant directement de ce que *la jeune fille sortie du pensionnat doit être dans sa famille*.

Et cependant, n'est-il pas bon, n'est-il pas même *nécessaire* de faire apprécier à cette jeune fille la grandeur et la sainteté de cette réunion intime dans laquelle elle viént reprendre la place qu'elle avait momentanément quittée et qui, sans elle, manquait d'un de ses éléments les plus doux ?

Ne doit-elle pas, plus tard, elle-même, *avoir* une famille à elle, une famille qu'elle aura à soigner, à garder, à embellir, et ne faut-il pas qu'elle connaisse d'une manière générale au moins, *ce qu'est la famille — les joies qu'elle donne — les souvenirs qu'elle laisse — les sacrifices qu'elle exige ?*

## I

### Ce qu'est la Famille

La jeune fille ne se rend pas compte de *ce qu'est sa famille*. Elle l'aime, elle sait, ou plutôt, *elle sent* qu'il y a entre son cœur et le cœur de son père, le cœur de sa mère, le cœur de tous ceux qu'elle appelle *les siens* et même, entre eux tous et les murs qui les abritent et les cachent aux regards étrangers, ce *quelque chose* qu'il y a entre les branches d'un arbre, la tige de cet arbre et le sol qui les porte. Elle sent qu'il y a *des liens* qu'on ne brise pas sans altérer, diminuer et quelquefois détruire la vie.

Mais en ne voyant sa famille et en ne la comprenant que par le cœur, la jeune fille ne peut en comprendre ni la sainteté, ni la grandeur.

1. Pense-t-elle que Dieu a créé *la famille* dans son amour, pour nous donner un avant-goût du ciel — de ce ciel que l'Eglise appelle *la famille des élus,* comme si elle ne trouvait pas d'image plus douce que la famille de la terre pour nous donner une idée du bonheur de là-haut ?

Ce bonheur *de là-haut,* il n'est jamais dans sa plénitude sur la terre, mais dans les murs bénis de la famille chrétienne, il rayonne d'un des principaux éléments qui le composent : l'*Union.*

*Union des cœurs* qui tous sentent le besoin de s'aimer, de se le dire, de se le prouver.

*Union des âmes* qui toutes vivent paisibles sous le joug bien aimé de la loi de Dieu.

*Union des intelligences et des forces* qui toutes cherchent à alléger les peines mutuelles, chacun des membres voulant pour lui la charge la plus pesante.

2. Pense-t-elle que la famille est un *sanctuaire,* c'est-à-dire une demeure dans laquelle Dieu se plaît à rester et qu'il remplit de sa miséricordieuse bonté ?

C'est bien un sanctuaire, cette maison où rien ne s'est fait et ne se fait encore sans une intervention matérielle de Dieu.

Voyez :

Le prêtre, au nom de Dieu, consacre le mariage, principe de la famille,

Il bénit le berceau qui en est l'espérance.

Il orne les murs qui l'enserrent, de l'image aimée de la Sainte Vierge Marie, et veut, à la place d'honneur, cette autre image, la plus belle de toutes : *Jésus Crucifié* dont les bras étendus semblent protéger ce sanctuaire et répandre sur lui d'abondantes bénédictions.

Il demande, toujours au nom de Dieu dont il est le ministre, que, de cette maison, chaque matin et chaque soir, montent à Dieu des prières d'adoration, d'actions de grâces, de demande.

Après le sanctuaire où réside réellement Notre-Seigneur Jésus-Christ et où se célèbre la sainte messe, il n'est rien sur la terre de plus saint et de plus respectable que la maison où vit une famille chrétienne.

## II

### Joies que donne la famille et souvenirs qu'elle laisse

La famille est la source :

Des *joies* les plus douces — des plaisirs les plus aimés, les plus purs, les plus attrayants, les plus saints.

Des *vertus* les plus élevées, les plus communicatives, les plus tenaces. — Saintes habitudes du foyer chrétien, tellement enracinées dans l'âme que rien, même l'inconduite qui dégrade, ne parvient complètement à faire oublier.

Des *dévouements* les plus héroïques.

Des *sacrifices* les plus grands, les plus généreux, les plus beaux et les moins appréciés par ceux qui les font, tant ils semblent naturels.

Des *consolations* les plus abondantes, les plus fortifiantes, les plus divines.

Des *liens* les plus faibles en apparence, mais en réalité, les plus forts qui enlacent l'être tout entier : l'âme, le cœur, l'esprit, les sens, et qui restent toujours malgré les efforts inouïs que fait l'enfer pour les briser.

Il avait bien compris ce que la famille a de beau, de bon, d'attachant — et ce qu'il y a de triste et de douloureusement déchirant à la quitter, — ce poète breton, Brizeux, qui disait :

Oh ! ne le quittez pas, c'est moi qui vous le dis,
Le *devant de la porte* où vous jouiez jadis,
*L'Eglise*, où tout enfant, et d'une voix légère
Vous chantiez à la messe auprès de votre mère.
Et la *petite école* où traînant chaque pas,
Vous alliez, le matin. — Oh ! ne la quittez pas !
Car une fois perdu parmi ces capitales,
Ces immenses Paris, aux tourmentes fatales,

Repos, fraîche gaîté, tout, s'y vient engloutir.
Et vous les maudissez sans en pouvoir sortir...
Croyez qu'il sera doux de voir, un jour, peut-être,
Vos fils étudier sous votre bon vieux maître,
Dans l'Eglise, avec vous, chanter au même banc
Et jouer à la porte où l'on jouait enfant...
Oh ! ne quittez jamais le seuil de votre porte !
Restez dans la maison où votre mère est morte !...
La famille ! c'est là que les vertus grandissent,
C'est le soleil d'amour auquel les cœurs mûrissent ;
Société sacrée où la mère est le roi.
Elle enseigne comment obéir sans effroi,
Demander sans rougeur, savoir sans esclavage,
Car son code pour nous est un apprentissage,
C'est le *Code du cœur* en deux mots résumé :
*Savoir aimer soi-même et savoir être aimé.*

Encore un mot, c'est si doux de parler de la maison paternelle.

Vous souvient-il de cette belle page de Lamartine : *Milly* ou *la terre natale ?*

Il y a deux vers que vous avez redits, le cœur ému, la veille de votre départ, en parcourant pour la dernière fois, les murs aimés de votre pensionnat ; vous en souvient-il ?

> Objets inanimés, avez-vous donc une âme
> Qui s'attache à notre âme et la force d'aimer ?

Il y a encore un vers à recueillir dans cette harmonie.

Le poète énumère toutes les merveilles parmi lesquelles il a promené sa vie un peu aventureuse, et, après une splendide description, il s'écrie :

*Mon cœur n'était pas là !*

Puis il ajoute :

*Mais il est sur la terre une montagne aride*
*Qui ne porte en ses flancs ni bois, ni flot limpide...*

Et quand il a exagéré comme à plaisir, la sécheresse, la pauvreté, l'aspect prosaïque de son pays natal, il termine en disant :

*Et c'est là qu'est mon cœur !*

Jamais, dit E. de Margerie, je n'ai pu lire d'un œil sec ces deux belles pages. Que c'est bon l'âme humaine prise sur le fait !

Moi aussi, ajoute-t-il, je pourrais, dans mon humble prose, raconter mes courses à travers de belles cités... et, de tout ce qui était si enchanteur, je pourrais dire :

*Et mon cœur n'est pas là !*

Mais, vous, enfants, en entrant dans la maison de votre père, de votre mère, de vos frères, sous ce toit où vous êtes née, vous pouvez dire en toute vérité:

*Et c'est là qu'est mon cœur !*

'Ne vous serait-il pas bon de relire en entier cette page de Lamartine, *la maison paternelle*, et de retrouver, dans votre cœur, les sentiments qui remplissaient son cœur et qu'il sait si bien exprimer?

Là, mon cœur en tout lieu se retrouve lui-même :
Tout s'y souvient de moi, tout m'y connaît, tout m'aime.
Mon œil trouve un ami dans tout cet horizon,
Chaque arbre a son histoire, et chaque pierre un nom.
Voilà le banc rustique où s'asseyait mon père :
La salle où résonnait sa voix mâle et sévère,
Quand les pasteurs, assis sur les socs renversés,
Lui comptaient les sillons par chaque heure tracés ;
Ou qu'encor palpitant des scènes de sa gloire,
De l'échafaud des rois il nous disait l'histoire,
Et plein du grand combat qu'il avait combattu
En racontant sa vie enseignait la vertu.
Voilà la place vide où ma mère, à toute heure,
Au plus léger soupir sortait de sa demeure,
Et, nous faisant porter ou la laine ou le pain,
Vêtissait l'indigence ou nourrissait la faim.
Voilà le toit de chaume où sa main attentive
Versait sur la blessure ou le miel ou l'olive,
Ouvrait près du chevet des vieillards expirants,
Ce livre où l'espérance est permise aux mourants ;
Recueillait leurs soupirs sur leur bouche oppressée,
Faisait tourner vers Dieu leur dernière pensée,

Et tenant par la main les plus jeunes de nous,
A la veuve, à l'enfant, qui tombaient à genoux,
Disait, en essuyant les pleurs de leurs paupières :
*Je vous donne un peu d'or, rendez-leur vos prières.*
  Voilà le seuil, à l'ombre, où son pied nous berçait.
La branche du figuier que sa main abaissait.
Voici l'étroit sentier où quand l'airain sonore
Dans le temple lointain vibrait avec l'aurore,
Nous montions sur sa trace à l'autel du Seigneur
Offrir deux purs encens : Innocence et Bonheur !
  La vie a dispersé, comme l'épi sur l'aire,
Loin du champ paternel, les enfants et la mère.
Et le foyer chéri ressemble aux nids déserts
D'où l'hirondelle a fui pendant de longs hivers.

# CHAPITRE SECOND



LA jeune fille, au sortir du pensionnat, n'est plus une enfant.

Elle a seize ans, dix huit ans ; et son entrée dans la maison paternelle ne se fait plus, comme à l'époque des vacances, avec cet élan de joie expansive, turbulente qui en troublait quelquefois la solitude.

Elle sent qu'elle vient là pour y *rester* ; elle comprend, pour la première fois, toute la douceur et toute la force de ce mot : *Chez moi*.

Il y a dans sa manière de se présenter, de manifester sa joie, de montrer son bonheur, de répondre aux souhaits de bienvenue, aux paroles flatteuses qui lui sont adressées sur ses succès, sur les diplômes que souvent elle apporte, et même aux caresses de son père et de sa mère, il y a *quelque chose* de plus ferme, de plus simplement modeste, de plus voulu.

Elle ne le dit pas, mais elle fait comprendre qu'elle vient, non plus pour se reposer, pour s'amuser, pour se faire gâter, comme pendant les vacances — mais *pour se dévouer à tous,*

Pour commencer à remplir *le but de sa vie*, ce but qu'on lui a montré au pensionnat, et pour lequel on l'a formée avec tant de patience et tant d'intelligence :

### Etre utile

Elle veut l'être ; elle le sera ; elle l'a promis à ses maitresses, elle se l'est promis à elle-même, elle l'a promis à Dieu.

C'est pour lui venir en aide dans cette belle et sainte mission que nous allons parler :

1° *de son influence dans sa famille,*
2° *de sa vie extérieure dans sa famille,*
3° *de sa vie intime dans sa famille.*

# ARTICLE PREMIER

## Influence de la jeune fille dans sa famille

1. L'influence de la jeune fille, au milieu *des siens*, si elle y apporte :

une *âme pieuse*, c'est-à-dire vivant avec Dieu, agissant sous le regard et l'influence de Dieu,
un *cœur dévoué*, qui n'aspire qu'à se donner, avec l'ardeur de cet âge heureux qui ne mesure pas les sacrifices,
une *intelligence* cultivée qui aspire à mettre en action ce qu'elle a appris et qui est apte à apprendre ce qu'elle ne sait pas,
une *volonté* ferme et désireuse de rendre heureux tous ceux qui l'entourent,
l'influence de cette jeune fille a quelque chose *de divin*.

2. Nous ne voulons pas écrire ici de simples pages poétiques, mais, c'est être dans le vrai que dire de la jeune fille, entrant dans sa famille :

1° *Elle est comme le soleil dans la nature :*

Elle répand la lumière — seulement cette lumière n'est ni éclatante ni éblouissante ; elle est douce, elle est pénétrante ; elle est *le jour* en permanence.

Elle dissipe les nuages qui de temps à autre viennent ternir le ciel de cet intérieur qui devrait être si pur.

Elle colore ce qui sans elle serait terne. Un simple *bonjour*, un simple *merci* prennent sur ses lèvres un charme particulier.

Elle épanouit les âmes et les cœurs que des froissements inévitables retrécissent souvent, rendant pénibles les rapports mutuels.

Elle mûrit les bonnes résolutions qu'elle aide à se transformer en actes.

2° La jeune fille est comme le *souffle* frais et enbaumé qui rafraîchit, qui donne le bien-être, et ne permet pas que s'acclimate la bouderie ou le silence, pire qu'un reproche.

3° La jeune fille est encore *une harmonie* qui rétablit l'ordre,

    un *lien* qui rattache ce qui s'était séparé,
    un *chant* qui ranime, réjouit, répand sur toute chose une douce gaîté.

Il est des familles où, comme le dit si bien un homme d'expérience, *tout sonne sec.*

« Chacun semble y vivre pour soi ; on n'y a pas appris ni à supporter, ni à se sacrifier aimablement pour les autres, ni à se chérir avec expansion.

« Il y fait froid ; on n'y a ni gaité, ni entrain ; on vient y soupirer ou y bailler ; il n'y a aucun de ces liens bons, doux et souples entre parents et enfants, entre maîtres et serviteurs.

« On s'y sent mal à l'aise. »

Il n'y a pas, dans ces familles de *petits enfants,* ou ils sont délaissés ou gâtés.

Il n'y a point surtout de *jeune fille* telle que nous la supposons, élevée sous le regard de Dieu et avec le dévouement et l'intelligence que donne la mission divine si généreusement acceptée par elle.

La jeune fille est un peu pour la famille — quoique à un degré inférieur — ce qu'est la mère pour l'enfant.

Un enfant qui n'a pas eu sa mère pour l'élever s'en ressent jusqu'à la fin de la vie ; une famille dans laquelle n'a pas vécu, grandi, agi une jeune fille s'en ressent tonjours.

A l'un et à l'autre, il a manqué quelque chose.

4° L'influence de la jeune fille — telle que nous la supposons et que nous l'avons formée dans nos pensionnats religieux, s'exerce sans même qu'elle pense directement à l'exercer.

C'est un effet de la présence de Dieu dans son âme — du dévouement dont elle a rempli son cœur — de la délicatesse de ses manières — des connaissances dont elle a orné son esprit.

« Que c'est beau, que c'est bon, que c'est utile un cœur de jeune fille réellement chrétienne, disait Mgr Dupanloup.

Quel ordre, quelle simplicité, quelle transparence dans son âme !

Tout y est vrai, parce que tout vient d'un fonds vraiment angélique. C'est la *vertu* qui semble personnifiée, c'est la *pureté*, la *bénignité* dans sa plus discrète expression : c'est enfin la plus délicate des créatures pleine encore de la grâce baptismale, offrant en même temps la plus virile fermeté.

Dès que le mot *devoir* frappe son oreille, docile, elle avance. Et si un mot impie ou immonde s'échappe devant elle, elle sait opposer la plus invincible résistance. D'un regard, d'un mouvement de sa paupière abaissée ou relevée, elle écrase celui qui a parlé. Du fond divin de son âme, ce regard foudroie.

Rien ne montre plus la force d'une éducation chrétienne que l'alliance magnifique de la pudeur et du courage dans une jeune fille de quinze, seize, dix-sept ans.

Elle sait craindre et fuir comme un petit oiseau, et elle sait attaquer, visiter, soutenir la lutte comme un lion, dès qu'il s'agit d'un bien réel à faire ou d'une vertu à défendre. »

Cette jeune fille est véritablement un *ange* c'est-à-dire un *envoyé* de Dieu, un messager de Dieu qui dans une maison *fait loi*.

O vous, venues dans votre famille avec cette mission d'*ange gardien*, d'*ange consolateur*, d'*ange défenseur et protecteur*, d'*ange de la reconciliation et du retour à Dieu*, si vous compreniez la grandeur de votre mission et surtout, comme nous vous le disons dans une de nos *Paillettes* :

*Si vous vouliez !*

5° L'influence de la jeune fille s'exerce :

1. *Sur son père et sur sa mère.*
2. *Sur ses frères et sur ses sœurs.*
3. *Dans les circonstances douloureuses de la famille.*

I. INFLUENCE DE LA JEUNE FILLE

SUR SON PÈRE ET SUR SA MÈRE

La jeune fille a pour son père et pour sa mère une tendresse moins expansive peut-être qu'aux jours de son enfance, mais plus forte, plus énergique, plus pénétrée de la pensée de *leur faire du bien*, et *ce bien* elle le fait réellement.

Elle est pour eux, sans qu'ils s'en doutent, *la protection mystérieuse* qui leur rend la protection maternelle dont ils ont entouré son enfance.

Elle leur parle peu de Dieu, mais elle parle d'eux à Dieu, tous les jours.

Elle obtient pour eux des grâces dont ils ne se doutent pas, mais qui leur sont réellement dues :

Grâces, au point de vue temporel : *souvent*,

Grâces, pour leur âme, leur caractère, leur vie intime : *toujours*.

Sous l'influence de leur fille, pieuse sans affectation, aimante sans enfantillage, dévouée sans ostentation, digne sans raideur, aimable sans fadeur, se fait *une transformation*, lente quelquefois, mais toujours réelle.

Une femme qui a consacré sa vie à élever des jeunes filles et les a longtemps suivies dans l'intérieur de leur famille a écrit :

« La vertu religieuse qui se fait sentir dans la jeune fille malgré l'imperfection et la légèreté de son âge, exerce sur la famille une influence sensible.

Quels *parents* ne se respecteraient eux-mêmes en se voyant l'objet du respect de l'enfant qui reconnaît en eux les représentants de Dieu ?

Quelles *volontés tyranniques et capricieuses* n'auraient honte de leur déraison, en voyant l'obéissance et la patience répondre toujours à leurs impérieuses exigences ?

Quels *esprits avides de plaisirs mondains* ne seraient disposés à rentrer en eux-mêmes, à l'aspect de cette angélique sévérité, de cette joie calme et pure, empreintes sur le front de la jeune fille ?

Quelle *mère*, distraite des soins et des devoirs de son intérieur, ne songerait pas à reprendre sa vie sérieuse et dévouée, en compagnie d'une si aimable et si docile compagne ?

Quel *père*, éloigné peut-être du logis par un malentendu ou une mésintelligence regrettable ou par quelque tentation du dehors, ne se sentirait de nouveau attiré chez lui par la présence de cet être candide et pur, si joyeux de son retour quand il rentre le soir, et qu'il voit si expansif, si naïf, si tendre ?

Elle a gardé le privilège *de tout dire*, cette fillette bien-aimée qui est une enfant encore, mais qui déjà sait commander, *en priant, sait exiger en souriant, sait reprendre en aimant.*

Elle a le pressentiment, sinon la connaissance, des nuages qui obscurcissent l'horizon de la famille et lorsqu'elle sent autour d'elle l'atmosphère refroidie, elle apporte la *chaleur de son cœur*, elle l'épanche, elle le laisse déborder ; elle égaie, par sa joie facile, la maison morne et attristée ; elle ravive d'un mot les cœurs ulcérés qui se croyaient morts à toute sensation pure.

Il faudrait pénétrer les secrets de bien des familles pour comprendre l'action bienfaisante que la jeune fille pieuse exerce dans cet âge si tendre, où ignorante encore de la vie, elle n'a pour la diriger dans l'œuvre de l'apaisement des âmes qui lui sont chères qué l'intuition, l'inspiration de l'amour filial et la force de son innocence.

De ces *vases purs* qu'apporte le Dieu de paix dans nos maisons souvent troublées et désolées, s'exhale un parfum d'innocence, une influence régénératrice, une vertu calmante, un encens religieux qui relèvent les cœurs, et rassérènent les âmes. »

Voyez, en finissant, le gracieux tableau que nous présente de Gasparin dans son livre *La famille:*

Approchez-vous de cette jeune fille qui marche posément près de son père dont la main tremblante s'appuie sur son épaule.

Le père se penche pour écouter : il est devenu *l'enfant* qui apprend ; la fille est devenue *la mère* qui enseigne.

Ce n'est plus *Lui* qui fait du bien, c'est *elle* qui verse son cœur dans le cœur de son père, son âme dans l'âme de son père.

Il y a des *mots matériels* dans les paroles de la fille ; il y a des *acceptations d'enfant* dans le sourire du Père.

Il entre une douce protection dans l'amour de la fille et cependant cet amour n'a jamais été plus soumis et plus respectueux. Il semble qu'il veuille faire pardonner son usurpation volontaire.

O père, ô père, semble dire la fille, tu me menais quand j'étais enfant, tu formais mon cœur quand j'étais petite ; père, père, c'est moi maintenant qui forme ton âme, moi qui te mène à Dieu.

## II. L'INFLUENCE DE LA JEUNE FILLE S'EXERCE
### PLUS DIRECTEMENT SUR SES FRÈRES ET SUR SES SŒURS

Ecoutez comment le même auteur sait tracer ce qui se passe dans la famille où une grande sœur a su se faire aimer et a pris à tâche de mener à Dieu tous ces cœurs qu'elle entraîne après elle.

Elle ne *se met jamais à l'œuvre*, elle *y est toujours ;* c'est elle qui chaque matin se dit :

*Je puis être utile, je le serai.*

Aussi, voyez-la :

« Elle essaye, le plus souvent avec succès, le don qu'elle a reçu du ciel d'adoucir et de concilier —

d'apaiser les passagères tempêtes des âmes — de réduire, aux lois du calme et de la raison, l'effervescence passionnée du petit garçon ou du jeune adolescent qui se laisse entraîner par une fougue indomptée.

Elle s'interpose affectueusement dans les discussions trop vives — elle exhorte le plus grand et le plus généreux à céder au plus faible — et après les luttes qu'elle n'a pu prévenir, elle console *le vaincu* par les marques de sa tendre sympathie et montre au vainqueur un blâme triste et doux en le punissant par un délaissement de quelques minutes.

Elle est le refuge, le conseil, le médiateur dans les circonstances suprêmes, lorsqu'il s'agit de supplier, de fléchir, d'obtenir, d'excuser.

C'est à elle, la grande sœur, qu'on confie ce qu'on n'oserait dire à la mère de peur de la peiner ou de l'alarmer — à elle qu'on s'adresse pour réparer quelque désordre ou quelque accident qui fait craindre le mécontentement du père.

Son rôle est un peu — sur beaucoup de point — celui de *la mère de famille;* elle a de moins, c'est vrai, l'autorité et l'expérience, mais elle a de plus, sa jeunesse qui attire, et même l'absence de tout pouvoir qui effraie. Et quand le frère coupable cède à sa douce influence, ce n'est qu'une condescendance fraternelle ; et il esquive ainsi le mot *obéir*, ce mot qui coûte tant à l'orgueil de l'homme... Il faut toujours compter avec l'orgueil qui habite même les plus jeunes cœurs.

Elle-même, la jeune fille, dans ses rapports journaliers avec un ou plusieurs frères, apprend quelques-uns de ses futurs devoirs.

Elle s'exerce à la complaisance, à la douceur, à l'art de persuader par un mot et par un regard, mieux que par d'âpres raisonnements et de prétentieux discours. » (M^me DESNOS.)

### III. INFLUENCE DE LA JEUNE FILLE
#### DANS LES CIRCONSTANCES DOULOUREUSES DE LA FAMILLE

C'est à l'heure des souffrances physiques ou morales que se montre, plus spécialement, ce semble, l'influence de la jeune fille.

Que fait-elle ? que dit-elle ? comment dit-elle ? Elle ne le sait pas elle-même.

*Elle aime;* et cette affection si pure, si sainte, si dévouée lui fait trouver des paroles qui calment, des tendresses qui apaisent, des dévouements qui étonnent.

Voyez-la à l'œuvre :

C'est dans *la désunion* qui hélas ! peut exister entre le père et la mère et dont la pauvre enfant s'aperçoit vite, alors même qu'on cherche à la lui cacher ; et elle sait aller de l'un à l'autre, elle sait parler à l'un et à l'autre; elle se montre si malheureuse que le père et la mère ont pitié d'elle et que, *pour elle* et *à cause d'elle,* reviennent les jours de paix.

C'est dans *la pauvreté* survenue presque subitement. Elle a aigri les caractères et rétrécissant les ressources, elle oblige à restreindre les dépenses, à descendre du rang qu'on occupait et à se livrer à un travail pénible. Alors la jeune fille est la première à s'offrir pour travailler, à accepter joyeusement le rôle d'ouvrière, à se montrer heureuse de mettre à profit ce qu'elle a appris dans ses études et de pouvoir se priver... et elle ramène un peu de joie et un peu de bien-être au foyer attristé.

C'est dans l'*inconduite d'un des enfants,* cause de l'irritation continuelle du père et d'un déchirement de cœur bien douloureux pour la mère. La jeune fille excuse ; elle explique ; elle supplie ; et fait tant auprès de l'enfant prodigue, qu'elle le ramène, tant auprès du père irrité, qu'il pardonne.

C'est une *maladie pénible et sans issue* qui vient arrêter dans sa vie active un des membres de la famille. Alors la jeune fille devient *sœur de charité,* et elle s'étonne elle-même de se trouver si forte et si expérimentée. Sans qu'elle s'en rende bien compte sans qu'elle l'ait directement appris, elle devient *garde malade.* Le bon Dieu dans son âme, l'amour filial dans son cœur, l'ensemble des connaissances qu'elle a rapportées du pensionnat, lui donnent *l'esprit d'observation* si nécessaire auprès d'un malade, le *tact, le savoir-faire, la soumission* intelligente aux ordres du médecin.

Et si le bon Dieu permet que la maladie s'aggravant fasse prévoir un dénouement fatal... oh ! comme elle sait *rester* près du lit où se meurt un de ceux qu'elle aime, triste sans doute, mais active, mais dévouée, mais pleine de sollicitude et d'un savoir-faire qui étonne.

Comme elle sait parler de paix, de résignation, de confiance ; comme elle sait affectueusement et délicatement tourner vers Dieu cette âme qui lui est si chère.

Par elle, vient le prêtre ; par elle, il est pieusement accueilli ; par elle, est douce et sainte, l'heure de la mort.

Heureuse la maison où Dieu place et conserve une jeune fille pieuse !

## IV. CONDITIONS POUR QUE L'INFLUENCE DE LA JEUNE FILLE SOIT EFFICACE

L'influence, comme le rayonnement du soleil qui éclaire, qui réchauffe et qui mûrit, suppose *un foyer* qui la crée et qui l'alimente.

Ce foyer n'est pas seulement *votre cœur* comme vous semblez trop le supposer, jeunes filles ; c'est *votre âme* surtout, votre âme devenue la demeure de Dieu, qui seul peut vous donner et qui vous donne *les vertus* réclamées par la mission qu'il vous a confiée,

*La force* pour ne pas vous décourager et pour mettre en œuvre tout le dévouement dont votre cœur est rempli.

*La piété* pour vivre avec Dieu, agir toujours unie à Dieu, et suivre l'impulsion donnée par Dieu.

*La sagesse* dans les paroles que vous direz, dans les soins que vous prodiguerez, dans les conseils que vous pourrez donner, même dans les sacrifices que vous vous imposerez.

*La prudence* pour ne rien faire connaître au dehors de ce qui se passe dans l'intérieur de la famille, pour conserver malgré la vue vos peines de cœur, un visage calme et reposé, et retenir toute parole ou de plainte ou de découragement ou de blâme.

Dans l'*intimité*, quelle prudence vous sera nécessaire pour écouter toutes les plaintes, ne jeter un blâme humiliant sur personne, faire valoir les qualités de ceux à qui on trouve à redire, ne jamais heurter directement celui qui se plaint.

Quel tact pour dire à tous des paroles de consolation — pour montrer *un simple oubli*, là où on voit un véritabie abandon — une *parole sans portée*, là où

on voit une injure — un acte *indifférent* là où on
voit un acte malveillant — un *bon côté*, là où on
s'obstine à voir tout en mal.

Un des rôles les plus difficiles mais les plus
nécessaires dans les familles, est celui de *conciliateur*.
— Et à votre âge, avec vôtre droiture, et votre
désir du bien, avec votre amabilité, avec votre voix
sympathique et vos yeux qui se remplissent si facilement de larmes sincères, nul plus que vous n'est
capable de le remplir.

Ecoutez sur la puissance de votre influence, ces
conseils que vous adresse une femme du monde :

« A l'encontre de ce qui se passe ordinairement,
réservez le meilleur de *votre charme* et de *votre gaîté*
pour *la maison* et pour ceux de votre sang.

Soyez la fleur qui parfume doucement l'atmosphère du logis familial, et non le bouquet éparpillé
par les premiers venus.

Aux heures de lutte et d'angoisse, *le front de votre
père* sera rafraîchi comme d'une brise par la caresse
de votre regard.

Dans les jours sombres, *les yeux de votre mère*
chercheront votre sourire, comme on attend un
rayon de soleil qui met les nuages en fuite.

Au milieu du *fracas des orages domestiques,* votre
voix résonnera comme une musique angélique et
rétablira la paix entre ceux que vous aimez.

Mais *c'est d'un être idéal* que vous noús *parlez*, dira l'un.

Pour le réaliser, que faut-il cependant, *de la douceur, de la bonté, de la raison.*

La douceur — si on ne l'a pas naturellement — s'acquiert par un perpétuel effort sur soi-même.

La bonté naturelle s'augmente toujours par l'exercice qu'on en fait.

La raison se développe par la réflexion.

Dès qu'elle est sortie de l'enfance ignorante, la femme doit ainsi s'acheminer vers sa destinée véritable : L'*abnégation*, le *dévouement*. Dieu lui a réparti les facultés instinctives qui lui permettent de remplir de bonne heure le rôle de *consolatrice* et de *médiatrice* qu'elle a toujours à assumer plus ou moins dans la vie.

Le plus cher désir de la jeune fille doit être :

> de contribuer au bonheur des siens,
> d'ajouter à ce bonheur dans la mesure de
> ses moyens.

Elle est déjà capable de beaucoup de bien ; et si, elle le veut, elle se rend tellement utile, nécessaire même au foyer paternel que la moindre de ses absences y fait un vide profond et que ses retours sont salués par tous, avec allégresse.

N'est-il pas délicieux d'être, dans le logis de famille, *le point lumineux* vers lequel se tournent les regards fatigués par les lueurs fulgurantes des tempêtes de la vie — d'être *la fraîche oasis de repos* pour ceux qu'on aime et qui suivent souvent un chemin aride, désolé et brûlant ?

N'est-ce pas une joie de sentir qu'on répand par sa présence la paix dans les cœurs — de savoir que des paroles de bénédiction montent à toutes les lèvres dès qu'on apparaît ou qu'on est évoquée dans le souvenir ?

Voilà tout le bonheur, le bonheur *vrai* qu'une jeune fille peut ambitionner.

En se donnant, dès les premiers jours de son arrivée dans sa famille, elle fait l'apprentissage des chers devoirs plus complets encore qu'elle est appelée à remplir plus tard ; elle se forme à cette discipline morale qui nous aide à supporter, avec calme et vaillance, les heures graves qui sonnent dans la vie pour chacun de nous. » (Baronne STAFF).

### V. RÊVES QUE FAIT NAITRE DANS LA FAMILLE L'ATTENTE DE LA JEUNE FILLE

1. Qu'ils sont beaux les rêves de la mère !
Quand ma fille sera là, elle sera pour moi :
*Une aide* dans mon travail de tous les jours,

aide *soumise* à qui j'indiquerai tout ce qu'il faut faire et comment il faut le faire — elle écoutera filialement et affectueusement toutes mes paroles ;

aide *observatrice* qui devinera ce que je ne saurai pas dire et n'oubliera rien de ce que je lui aurai montré une première fois ;

aide *prévenante et délicate* qui m'épargnera la peine matérielle et qui saura toujours faire ce qui sera de nature à me prouver un soulagement et une joie.

aide *laborieuse* que je ne verrai jamais inoccupée, qui sera vigilante, voyant tout, se préoccupant de tout.

Quand ma fille sera là, j'aurai un *appui* pour mes fatigues matérielles et pour les peines de mon pauvre cœur, aussi.

Une *amie* sur l'affection de laquelle je pourrai compter — une *amie* à qui, il me semble, et je sens que c'est vrai, je pourrai confier ces choses intimes qui ne doivent pas sortir de la famille et que je ne dois dire à personne.

Elle me comprendra : elle est pieuse, elle est discrète, elle est bonne !

2. Qu'ils sont beaux les rêves du père !

Quand ma fille sera là, la maison me sera plus douce — le foyer me sera plus cher ; je l'aimerai davantage, j'y resterai plus longtemps.

Ma fille, elle *est instruite*, je le sais;
elle a le goût des choses littéraires,
elle a le sens des belles choses, des choses
de l'art.

Je compléterai et ferai compléter en elle ce qui ne
se montre encore qu'un peu vague quoique réel, et
tous les deux, nous vivrons de temps en temps de
cette vie de l'intelligence si utile pour moi qui suis
absorbé tout le jour dans les travaux matériels :
lecture, musique, ornementation de la maison...
tout cela me viendra d'elle.

Et il me semble que je serai plus fort, plus dévoué,
plus heureux.

3. Qu'ils sont beaux les rêves *des frères et des
sœurs plus jeunes.*

Quand la grande sœur sera là, oh! que nous serons
heureux !

Elle partagera nos jeux, elle nous en apprendra de
nouveaux — elle nous récréera ; — elle sera notre
joie, elle nous accompagnera dans nos promenades
— Elle nous protègera aussi dans les reproches
mérités.

Oh ! que nous serons sages avec elle.

4. Qu'il est beau surtout le rêve de *l'ange gardien
du foyer.*

Quand la jeune fille sera là, elle pieusemènt élevée, fortement chrétienne, sérieusement instruite de ses devoirs et si régulière dans les pratiques de sa vie d'Enfant de Marie, elle va devenir un apôtre.

Dieu se servira d'elle poúr régner plus complètedans cet intérieur.

Avec élle, dès les premiers jours, la prière du soir se fera en famille — et tous les matins ce sera elle qui apprendra aux petits enfants à aimer le bon Dieu.

Par elle, les lois de l'Eglise seront mieux observées — *les petits* frères seront plus soumis, *les grands,* rebelles au début peut-être, finiront par être attirés par sa bonté, son amabilité, son indulgence, par une foule de petits services qu'elle leur rendra.

·Par elle, une atmosphère de paix, de joie de sérénité se répandra dans toute la maison ;

Par elle, viendra, la consolation, l'espérance, la force, le dévouement.

Contente de tout et de tous, elle contentera tout le monde.

Peu exigeante, elle sera toujours aimable et souriante.

Peu coquette, elle sera toujours charmante et mise avec goût.

Bienveillante, elle ne pensera mal de personne ; et elle sera persuadée qu'il n'existe nulle part aucune femme meilleure que sa mère — aucun homme meilleur que son père, aucune demeure aussi agréable que la sienne.

Douce, elle acceptera en souriant une taquinerie de ses frères et ne se blessera jamais d'un manque d'égard échappé ou à la légéreté ou même à un moment d'humeur.

Obligeante, elle sera toujours prête à rendre service ; et son père, fatigué et ennuyé, la trouvera toujours disposée à causer avec lui, à jouer avec lui son jeu monotone de tous les soirs, à lui lire son journal, et à sortir avec lui — son grand-père et sa grand'mère infirmes la verront prévenante, patiente, assidue près de l'un et de l'autre, écoutant sans laisser paraître aucune lassitude leurs éternelles redites...

N'est-ce pas trop beau ?

Non ; parce que tout cela peut être vrai et sera vrai !

# ARTICLE SECOND

## Vie extérieure de la jeune fille dans sa famille

I. CE QUE DOIT ÊTRE LA VIE EXTÉRIEURE DE LA JEUNE FILLE DANS SA FAMILLE

1. La vie extérieure de la jeune fille dans sa famille doit *être en rapport avec la mission qu'elle a à remplir*.

Or, extérieurement, elle a pour mission :

1° *de venir en aide à sa mère :*
    dans les soins du ménage,
    dans l'ordre de la maison,
    dans la direction des domestiques,

pour la remplacer quelquefois et permettre un repos bien gagné à celle qui jusque là a tant travaillé et a tant usé sa vie.

2° *de réjouir son père* en lui prouvant :
    par ses prévenances à lui être agréable,
    par son goût délicat à rendre la maison
        attrayante,
qu'elle a profité des sacrifices qu'il a faits pour elle.

3° *de se former elle-même* — pour le jour où elle sera *maîtresse de maison* — à ces travaux multiples et compliqués qu'exige la tenue d'une maison, et qui ne s'apprennent que par une pratique de plusieurs années.

2. Voilà *le but* auquel doit tendre la jeune fille dans *sa vie extérieure*.

Pour l'atteindre, cette vie extérieure doit être :

> une vie de soumission,
> une vie de dévouement,
> une vie d'ordre,
> une vie d'activité,
> une vie de joie.

1. Vie de *soumission* à son père, à sa mère qui veulent l'un et l'autre l'initier à sa vie nouvelle et la former à cette vie de plus tard à laquelle elle aspire sans trop s'en douter encore.

Soumission *affectueuse* qui la portera à accepter avec joie et bonheur tout ce que ses parents *demanderont* d'elle, et même tout ce qu'ils *désireraient* sans oser quelquefois le lui demander. Le cœur d'une jeune fille pieuse comprend aisément ce qui peut faire plaisir.

Soumission *complète* qui lui fera *exécuter* tout ce qui lui est commandé — *essayer* toujours, alors même que les ordres donnés paraissent difficiles ou contrarient.

Soumission *constante* qui la soutiendra dans ses heures de lassitude ou d'ennuis par cette parole. *Papa le veut, maman le désire.*

2. Vie de *dévouement* c'est-à-dire d'empressement à se prêter à tout ce qui peut être non seulement *utile*, mais encore *agréable* à quelqu'un des membres de la famille :

> dévouement de l'enfant qui aime,
> dévouement de la servante qui doit travail-
> ler,
> dévouement toujours prêt et que rien ne
> lasse parce qu'il est soutenu par l'affection.

3. Vie d'*ordre* et de *propreté* qui s'attache sans minutie :

> à ne rien faire à moitié,
> à ne rien laisser traîner,
> à faire toute chose en temps voulu et,
> comme on l'a dit, à savoir la place de
> de toute chose et à remettre chaque chose
> à sa place.
> à donner à toute chose l'élégance, l'éclat,
> le charme qui la rend plus belle. — Les
> choses sont comme les personnes, elles

ont besoin qu'on leur prête un peu de
*coquetterie*.

à ne pas dédaigner les plus petites choses :
petites *pertes de temps*,

petits *gaspillages* qui semblent de nulle
valeur,

petits *restes* qui peuvent servir au moins
pour les pauvres,

petits *retards* pour commencer un travail —
pour se rendre à un appel, pour marquer
une dépense faite ou la rentrée de la
moindre somme,

petits *grains de poussière* amassés sur les
meubles.

Vie d'ordre dans *la tenue*, même dans cette *toilette*
de la première heure et du travail matériel qui ne
doit avoir de *négligé* qne le nom. — La jeune fille ne
doit pas trop penser *à plaire* — plaire est presque
un des besoins de sa nature — mais elle doit toujours
penser à *ne pas déplaire*.

4. Vie d'*activité* qui se montre

par le lever de bonne heure,
par l'empressement à se mettre au travail et
à ne laisser aucun intervalle de *rien faire*
entre un travail et un autre,

*activité* qui n'est pas *fébrile*, mais qui ne voit que la chose du moment et la finit avec paix, avant d'en commencer une autre,

*activité* qui porte la jeune fille à se former à tout et qui sourit quand sa mère dit d'elle : *Elle est bonne à tout.*

5. Vie de *joie* qui rayonne le sourire et le communique naturellement, comme l'étoile rayonne et communique sa lumière, et comme la fleur communique son parfum.

Ils la dépeignent bien cette joie, ces beaux vers de Victor Hugo :

Lorsque l'enfant revient, le cercle de famille
Applaudit à grands cris ; son doux regard qui brille
      Fait briller tous les yeux.
Et les plus tristes fronts, les plus souillés peut-être,
Se dérident soudain à voir l'enfant paraître
      Innocent et joyeux.

Il est si beau l'enfant, avec son doux sourire,
Sa douce bonne foi, sa voix qui veut tout dire,
      Ses pleurs vite apaisés,
Laissant errer sa voix étonnée et ravie,
Offrant, de toute part, sa jeune âme à la vie
      Et sa joue aux baisers.

Vie de *joie*, résultat :

  d'un cœur dévoué,

  d'un caractère aimable,

  d'un esprit délicat,

et surtout d'une âme qui vit avec Dieu.

Vie de *joie*, attendue par toute la famille...

A la fin de chaque vacance, quand vous étiez retournée au pensionnat, ô jeune fille, votre père disait attristé : *Notre soleil est parti* ; Ah ! qu'il puisse à cette heure, où vous voilà revenue, dire joyeux : *Notre soleil est revenu.*

Oui le soleil de la maison sera revenu avec vous parce que vous avez pris pour devise :

  *Faire plaisir,*
  *Faire du bien.*

Lisez cette belle page de Legouvé qui résume votre vie dans la famille :

« De la femme dépendent la prospérité intérieure, la santé des enfants, le bien-être du mari.

Elle s'occupe du beau comme du bon, car l'arrangement de sa demeure est comme une œuvre d'art qu'elle crée et renouvelle chaque jour.

La femme, dans sa famille, a besoin de toutes les qualités féminines : l'*ordre*, la *finesse*, la *bonté*, la *vigilance*, la *douceur*.

Elle répare les fortunes ébranlées ; elle sait transformer l'aisance en richesse, le strict nécessaire en aisance.

Elle gouverne enfin, elle gouverne pour sauver, et son empire est plus réel que celui des ministres et des rois.

La femme, dans sa famille, tient dans sa main, pour ainsi dire chacun *des habitants* qui animent et chacun *des objets* qui composent son empire.

Elle exile de sa maison les paroles grossières, les actes violents ; elle améliore ses serviteurs comme ses enfants et nul n'est frappé d'une souffrance, qu'elle ne sache aller à son aide.

Par elle, les meubles sont toujours propres, le linge toujours blanc.

Son esprit remplit cette demeure, la façonne à son gré, et rien ne manque à ce gouvernement domestique, pas même le *charme idéal*. »

## II. MISE EN ACTION DE LA VIE EXTÉRIEURE DE LA JEUNE FILLE DANS SA FAMILLE

Nous allons, pour être plus directement pratique, *mettre en action* les conseils qui doivent diriger votre vie de jeune fille.

## 1. *Un père prudent*

Vieilles pages qui paraîtront un peu démodées, un peu sévères peut-être, mais qui n'en seront pas moins utiles.

Le père de Louise était un homme essentiellement *pratique* — ce qui, disons-le en passant, signifie un *homme de bon sens* — il n'avait rien épargné pour l'éducation de sa fille : « *Je sème*, disait-il, chaque fois qu'il apportait à la pension la somme exigée par les maîtresses... et il attendait une *récolte* abondante...

Dans le mois qui suivit la sortie définitive de Louise qui avait près de 17 ans, il l'étudia, la sonda, et dut se convaincre, hélas ! que la moisson ne répondait pas complètement à ses espérances... et aux dépenses qu'il avait faites !

Il y avait dans cette jeune tête de 17 ans plus de *poésie* que de *savoir* — plus de *rêverie* que d'*activité*... et le père eut peur pour son enfant...

Un jour il l'appela dans son cabinet, et avec cette gravité qui effrayait quelquefois Louise il lui dit :
1. Ma chère enfant, depuis 8 ans que nous avons perdu ta mère, j'ai dépensé pour toi, année commune 1200 francs, au total 9.600 francs. Je ne veux pas faire le compte des intérêts composés qui grossiraient la somme d'un tiers au moins.

Eh bien ! en échange de ce petit capital, qu'as-tu appris à la Pension ? Que sais-tu faire pour gagner ta vie ? Presque rien, mon enfant !

Tu ne sais ni lire ni écrire ; ni le calcul, ni le français, ni l'orthographe — Allons, renferme cette *moue,* que d'autres appellent *charmante,* que j'appelle moi *ridicule,* et veut dire que je te calomnie.

Ecoute :

Quand tu me lis mon journal, tu bredouilles et tu avales la moitié des nouvelles — triste pâture, pourtant !

Ton griffonnage est une véritable offense à la *Calligraphie,* et encore écris-tu le moins possible... Je ne parle pas de l'impossibilité où tu es de faire une page sans transparent, ceci importerait peu, — mais, tout ce que j'ai vu ressemble à un *devoir fait par pénitence,* et reste à peu près illisible.

Pour ce qui concerne *le Calcul,* il te faut une demi-heure pour additionner la dépense quotidienne de *Catherine,* dépense qui s'élève rarement à plus de 4 à 5 francs. Encore n'entreprends-tu cette tâche qu'avec dégoût, nonchalance, comme si ce travail n'entrait pas dans le bien-être d'une maison.

La *Langue française* a pour toi — à ce qu'il parait — des secrets impénétrables. — Les phrases de tes lettres sont toutes stéréotypées dans un même moule, et je puis croire que tu as su meubler ta mémoire d'une douzaine d'idées dont tu ne t'écartes jamais... Puis, tu répands sur le petit nombre de lignes que tu écris une teinte rêveuse qui ressemble tellement à un nuage que souvent je n'ai rien pu distinguer à travers.

Quant à l'*Orthographe* tu la sais à peu près, ce qui revient à dire que tu ne la sais pas. Tu tournes les difficultés au lieu de les résoudre, et quand l'accord d'un participe t'embarrasse, tu te tires d'affaire au moyen d'un pâté d'encre : c'est ingénieux, spirituel même, mais ce n'est pas suffisant pour moi.

Donc — sur ce point, concluons. — Tu n'es pas apte à être *ni institutrice — ni dame de compagnie — ni à tenir des livres, une correspondance ou une caisse, dans une maison de commerce.*

Peut-être saurais-tu l'*Histoire et la Géographie* — ce dont je doute — mais ces choses là qui sont si bonnes en elles-mêmes ne servent tout au plus qu'une fois par mois — or il faut vivre tous les jours.

2. Passons à un autre ordre de ressources.

J'ai pris en main tes travaux de couture et de broderies qu'on a regardés sans les admirer, parce qu'il paraît que tout le monde en peut faire autant, et je me suis renseigné sur leur valeur productive auprès d'une personne très expérimentée.

Sais-tu ce qu'on m'a répondu ? *qu'en tirant l'aiguille assidûment depuis l'aube jusqu'au soir, tu parviendras à gagner quotidiennement juste le prix d'un de nos déjeûners, 50 centimes.* Une couturière gagne plus qu'une brodeuse.

Depuis 8 ans tu prends des leçons de piano... Es-tu capable d'en donner à ton tour ? Bien loin de là... Dans les dix premiers jours de ton arrivée tu as épuisé tout ton répertoire de petites chansonnettes que tu savais par cœur, et si je te prie d'égayer ma soirée par une fraîche ritournelle, tu me demandes quinze jours pour l'étudier...

Un orgue de Barbarie acheté avec l'argent dépensé pendant ces 8 ans, me donnerait des airs plus variés et ne m'agacerait pas les nerfs par le monotone essai de notes que tu ne peux pas trouver.

Durant 8 ans encore, j'ai donné 20 francs par mois pour qu'on t'apprît le dessin. Cela m'a valu, je le reconnais, une volumineuse collection de nez, d'oreilles, de têtes ou de pieds, mais es-tu capable de faire un portrait ou le moindre croquis ayant quelque valeur ?... Le magnifique album que je t'ai acheté pour ta fête est là pour répondre.

3. J'avais demandé qu'on t'élevât pour être dans la suite, et à tout événement, une femme entendue

aux soins du ménage, et aujourd'hui j'ai voulu expérimenter ta science culinaire, tâter — comme on dit — de ta cuisine. Que m'as-tu servi ? Un potage aux herbes chargé des éléments les plus disparates — des côtelettes brûlées, enfumées et charbonnées — et, sous forme d'omelette une sorte de pâté d'œufs à couper au couteau. Aussi tu l'as vu, je n'ai point dîné — et sans doute, c'est cet état de jeûne qui me porte à accentuer un peu aigrement mes justes récriminations.

4. Loin de moi cependant la pensée d'accuser tes maîtresses. Elles ont formé ton caractère, elles t'ont rendue pieuse et bonne, je les bénis.

Je ne t'accuse pas non plus, mon enfant ; mais je constate un fait déplorable : *c'est que tu n'es pas capable de gagner ta vie*, ni même de *l'occuper utilement*.

Tu passes des journées entières à lire !... Ces lectures t'affaissent et ne trompent même pas ton ennui ; je t'aperçois souvent bailler sur ces livres.

Occupons-nous de remédier à ce mal : je veux absolument que tu aies un gagne-pain au bout de tes doigts... Qu'est-ce que l'avenir, mon Dieu, et que peut-il te promettre ?

Si je venais à te manquer, mon enfant !...

5. Dès le jour même une couturière vint passer deux heures avec Louise qu'elle formait à tailler elle-même ses vêtements. Ces leçons se répétèrent tous les jours — le linge de la maison fut revu en son entier — un trousseau fut commencée et fini entièrement par Louise toute seule. — Avant la fin de l'année elle put se passer entièrement de couturière... et de modiste. Quand elle eut fini de mettre l'ordre dans la maison, elle s'occupa des pauvres, pour qui elle travailla.

On la vit presque tous les matins accompagner la cuisinière au marché. Timide d'abord, et même un peu honteuse, elle osait à peine se pencher pour aider Catherine dans le choix qu'elle faisait. Elle s'aguerrit peu à peu et sut vite distinguer la qualité des objets. Plusieurs fois elle remplaça Catherine malade — et son père joyeux devinait à leur saveur, les mets préparés par sa fille.

Chaque soir, tous les deux jours au moins, elle s'obligea à écrire quelques pages d'un journal qu'elle venait lire à son père pour l'égayer et dans lequel elle retraçait des souvenirs du Pensionnat et ces mille petits riens de la vie de famille qui deviennent un trésor dans l'intimité.

Le père lui envoyait une partie des affaires qu'il avait à traiter; et souvent, le soir, après une journée bien remplie, il l'embrassait avec bonheur en lui disant : *O ma fille, je n'ai plus peur pour ton avenir.*

6. Père sage, il avait bien raison de bénir les maitresses de sa fille qui lui avaient appris la *Piété*... Sans cette base, il n'aurait pas pu élever dans son âme cet édifice de bonheur qui se fortifiait tous les jours.

## 2. *Une mère pratique*

C'est la mère d'autrefois, cette mère que nous retrouvons quelquefois encore dans les familles qui nous confient leurs enfants et que nous voudrions pouvoir admirer partout.

Nous reproduisons les pages que nous avons adressées à l'une d'elles :

Encore un an, deux ans au plus, et elle ne sera plus là votre enfant,

<blockquote>
là, près de vous,<br>
là, avec vous,<br>
là, sous votre garde,<br>
là, sous votre direction,
</blockquote>

Vous la voyez s'approcher *cette heure* de la séparation, de l'éloignement, du déchirement. Et vous voudriez l'éloigner encore, encore.

Et malgré vos efforts elle avance toujours, toujours.

Vous souvient-il de ce qui se passa dans votre cœur, il y a huit jours, quand votre fille quittant le pensionnat vint, un peu pâle, mais toute radieuse se jeter dans vos bras, le visage plein de larmes et de sourires, vous disant : « *C'est pour toujours mainte-nant — toujours avec toi, maman ! chère maman !*

Vous souvient-il qu'à ce mot « *pour toujours* » des larmes vinrent à vos yeux et votre cœur se gonfla ?...

Ah ! vous aviez aperçu à travers ce moment de réunion si attendu et si heureux, vous aviez aperçu comme *une porte ouverte* dans un lointain vague encore, mais bien, bien réel, et une voix vous murmurait tout bas : *Elle te quittera encore, et cette fois...*

Pauvre mère !

Mais pas de sensibilité, mère ! Soyez ferme et voyez, calme et généreuse, cet avenir.

Oui, votre fille vous quittera un jour. Oui, votre fille fera un jour ce que vous avez fait vous-même... elle ira, guidée par Dieu, fonder une nouvelle famille.

Le bon Dieu le veut ainsi.

C'est Dieu qui lui a dit : « Tu quitteras ton père et ta mère pour t'attacher à ton époux. »

Devant cette réalité, vous avez, vous, un devoir à remplir : *Former votre fille à son rôle de maîtresse de maison.*

Ce devoir, presque matériel, n'est pas le seul que Dieu vous impose et nous aurons plus tard à vous parler de devoirs autrement importants.

Aujourd'hui, nous mettons seulement en rapport, *votre expérience des choses de la vie avec l'inexpérience de votre fille*.

Plus tard, aux heures où vous aurez à lui parler de son avenir, nous mettrons en rapport *votre cœur avec son cœur* et surtout *votre âme avec son âme*.

Allons au côté pratique.

Dès les premiers jours de son installation, ou mieux et plus simplement de sa *revenue* avec vous et dans la maison paternelle, dites-lui :

1. Tu vas, sous ma conduite, prendre petit à petit la direction complète de la maison.

Commence par te rendre bien compte de tout le mobilier, et d'abord *du linge*.

Tu ,vas, chambre par chambre, armoire par armoire :

Faire un inventaire de tout le linge que nous avons, le marquer, s'il ne l'est pas déjà ; puis le ranger, par ordre, dans des cases spéciales :

> Le linge *neuf*, pour remplacer petit à petit celui qui est usé,
> le linge de *toilette*,
> le linge *de service* pour la cuisine et la table,
> le linge à *raccommoder*,
> le linge *hors d'usage* pour être donné aux pauvres et pour les cas de maladie,

le linge *sale*, qui doit être suspendu plutôt qu'entassé et tenu dans un appartement bien sec.

Tu dois — et je te l'apprendrai, — te rendre compte de la valeur et de l'emploi de ce linge.

Le linge *de chanvre* est grossier mais solide.

Le linge *de lin,* bien plus beau et presque aussi solide, est bien plus apprécié.

Le linge *de coton* est le meilleur de tous les linges de corps ; il participe aux qualités de la laine et tient presque lieu de flanelle.

C'est le linge de lin ou de chanvre, ce qu'on appelle ordinairement *la toile* — qui est employé pour les *draps,* les *serviettes,* les *tabliers...* c'est-à-dire tout le linge *de table* et pour *mouchoirs de poche...*

Je te ferai assister à nos lessives et tu apprendras à les diriger.

Pendant les semaines où je prendrai une *couturière* pour *confection* ou *réparation* de nos vêtements et de notre lingerie, tu viendras passer toutes tes journées avec elle et je t'indiquerai ce que tu auras à faire.

2. Tu m'accompagneras à peu près chaque matin *au marché* où je vais avec la bonne — tu nous regarderas faire : *choisir, sans empressement —* *marchander — discuter poliment —* prendre garde à

la monnaie que tu donnes et à celle qui t'est rendue...
— plier, empaqueter chaque chose distincte avec
soin, ordre, ménagement — ne pas craindre d'aller
d'une marchande à l'autre — parler peu... — Dans
quelques semaines, tu feras le marché toi-même
devant nous — puis tu le feras sans moi avec la
bonne.

3. Le soir tu assisteras au rendement de compte
que me font dans ma chambre, la bonne, la dé-
pensière, la cuisinière...

Tu te rendras compte de *mon livre de dépenses* —
tu me verras marquer jusqu'à *un centime* — quelquefois faire des comparaisons d'une semaine à
l'autre.

Puis, *prévoir*, la cuisinière et moi, les dépenses du
lendemain *par à peu près* — *Le train ordinaire de la
maison* varie peu par lui-même — les *extra* exigent
un peu de soins et de prévoyance : un *ami attendu*,
un diner de réception... de longtemps tu n'auras pas
à t'occuper de *ces extra*, mais bientôt tu feras toute
seule le menu ordinaire.

4. Tu feras bien, avec mon aide et celui de
quelques livres pratiques, d'écrire pendant quelque
temps *le calendrier de la cuisine*... je t'indiquerai
cela petit à petit.

5. Ne me quitte pas le matin — Ecoute les ordres que je donne — Suis-moi dans ma tournée de maison — C'est *presque un malheur* que les domestiques soient levés avant la maitresse de maison — qu'elle sache bien, au moins, la domestique, ce qu'elle a à préparer chaque jour. — Que le travail du matin varie peu...

6. Le soir, tu le sais, je suis la dernière couchée — je ne me fie à personne pour la fermeture des portes et des fenêtres — je veux savoir *tout mon monde* rentré — les domestiques dans leur chambre, leur lampe ordinairement éteinte — Nous ferons *notre ronde ensemble.* Rappelle-toi les premières lignes de *la science du ménage.*

7. Quelquefois, devant moi, ce sera toi qui donneras les ordres. N'aie pas l'air embarrassée, commande comme si tu savais tout. Je suis là pour t'*inspirer,* — te *souffler* — te *guider.*

Si tu fais mal, je réparerai, sans qu'on s'en doute, ton inexpérience et je te dirai : *Ce n'est pas comme cela qu'il faut faire.*

Souvent je renverrai les domestiques à toi et je leur dirai : « Allez à Mademoiselle. »

8. Sois souvent à la cuisine, non pour trouver à redire ou pour tatillonner mais pour t'instruire.

Apprends, sous ma direction, à faire les choses les plus communes et les plus usuelles... ces menues choses qui dérangeraient une domestique : *infusions*, par exemple.

Avec la cuisinière mets *le pot au feu;* demande-lui *en souriant* comment elle fait. De temps en temps fais-nous, à ton père et à moi, une gracieuse surprise à table en nous disant : *Papa ce plat est de moi.*

Commence par les *plats doux;* ils sont les plus faciles à faire, et là, l'abondance ne nuit guère.

Vois-tu, mon enfant, toutes les femmes, même celles qui sont dans l'aisance, doivent savoir faire au moins la *cuisine indispensable.* Une cuisinière peut tomber subitement malade, et alors ? ne comprends-tu pas l'inquiétude, le malaise de tous si la femme *ne sait pas la remplacer ?* — Il faut *savoir cuisiner,* mon enfant.

9. Quand nous aurons du monde, je te laisserai faire les honneurs de la table.

Tu mettras le couvert — tu agenceras toutes choses avec goût — tu étaleras sur le buffet ce qui doit paraître.

Tu orneras le salon — le soin des fleurs te regardera toujours.

Et, dans les premiers mois, tu examineras, sans préoccupation, comment les domestiques font leur service à table et comment je veille moi-même à ce que rien ne manque à aucun de nos invités. Un *invité* est quelqu'un à qui nous devons toujours chercher à faire plaisir.

10. Après chaque repas, compte l'*argenterie*, ne la laisse pas sans nettoyer. Tous les soirs, vois si tout a été mis à sa place, dans sa boite, dans son armoire.

*
* *

Elle est bien longue, mon enfant, cette série des petits devoirs d'une bonne ménagère, et encore que de choses je n'ai pu te dire... Sache-le bien, on n'est réellement utile dans sa famille, au point de vue matériel, que par l'*ordre*, la *propreté*, l'*économie*, l'*activité*, la *surveillance*.

Ne t'épouvante pas : je suis là, je te l'ai dit, pour te guider et te fortifier.

*
* *

Je ne puis te tracer ici, ma fille, que l'ensemble *des devoirs* qui se présentent tous les jours.

Il en est d'autres qu'imposent des *circonstances particulières* et que je te rappellerai aux heures voulues.

En attendant, consulte *les cahiers* que tu as rapportés de ton pensionnat et dans lesquels tu as résumé les *leçons de vie pratique* qu'on te faisait, chaque semaine, telles que je les ai vues indiquées dans ton livre : *La vie au pensionnat, apprentissage de la vie en famille.*

On t'a donné, superficiellement sans doute, mais suffisamment pour que tu ne sois pas trop entreprise :

Des leçons d'hygiène appliquée : à l'*habitation* — à l'*alimentation* — aux *vêtements* — à l'*exercice.*

Des leçons de médecine pratique appliquée aux *accidents* — aux *maladies* — aux *soins à donner* — aux *remèdes à préparer et à appliquer.*

Des leçons de *botanique médicinale,*

Des leçons de droit *usuel,* etc.

Complète tes cahiers de *notes* et de *recettes,* fais-toi un *petit trésor* de ces mille choses qui se voient, s'entendent, se répètent, se lisent, même dans les journaux que je te permets, et qu'on est heureux de retrouver pour être utile aux autres ou à soi-même.

Mon enfant, une mère de famille est placée par Dieu comme la *Providence* de tout ce petit monde qui l'entoure, qu'elle aime et qui compte sur elle, la Providence aussi de ce monde plus étendu qui l'avoisine.

Il faut qu'*elle sache un peu de tout,*
Il faut qu'elle *puisse donner un conseil pour tout,*
Il faut qu'elle soit *prête à mettre la main à tout,*
Il faut même qu'elle *devine à peu près tout.*

Ne serait-il pas utile d'ajouter ici, pour les mères et pour les jeunes filles, cette remarque d'un homme du monde ?

On ne se préoccupe pas assez sérieusement de l'importance de l'*économie domestique,* cette science par excellence de la femme aussi bien dans les maisons riches que dans les ménages modestes.

On ne saurait nier qu'il nous est agréable de voir une femme *sachant peindre* ou *faire de la musique, broder finement,* ou *confectionner ces mille travaux exigeant de l'adresse et du goût,* c'est un appoint qui ne peut déparer les éléments d'une solide instruction ; on aime certes qu'elle s'entende à la littérature, aux beaux-arts.

Mais si son talent s'arrête là, son éducation est non seulement incomplète mais pèche par la base.

Qu'une femme ait une teinte de tout, c'est *bon ;* qu'elle sache gouverner sagement une maison, c'est *mieux.*

En général, la femme n'est pas organisée pour les applications soutenues de l'esprit ; à part quelques exceptions, ses aptitudes la portent plutôt vers les études qui ne demandent point d'efforts continus du cerveau.

Par contre, elle est bien faite pour comprendre l'économie domestique. Son adresse naturelle, un goût fin et délicat, son entendement aux choses du cœur, sont autant d'aptitudes diverses, qui ne demandent qu'à être cultivées, pour faire de sa maison un lieu plein d'attraits. Vrai sanctuaire où chacun des membres y rencontre les douceurs de l'amour filial, des soins réconfortants, et l'apaisement du chagrin inhérent à l'existence de l'homme.

L'important est de diriger l'éducation des jeunes filles vers ce but, pour faire la *femme forte*, dont Fénelon, après la Sainte Ecriture, nous a tracé le portrait.

Qu'on ne s'y trompe pas : en la femme reposent les garanties du bonheur de la famille ; elle peut être ainsi la cause inconsciente de ses malheurs.

Il est donc essentiel de la bien élever. (Penasson).

Monseigneur Dupanloup, dans ses *lettres sur l'éducation des filles*, insiste sur la formation de la jeune fille à la *pratique du ménage*.

« Les paroles ne suffisent pas, dit-il ; on devrait, dès le pensionnat, conduire les plus grandes élèves à la lingerie, au repassage... afin qu'elles apprennent, là, sur place, comment se dispose le linge, et, qu'elles voient savonner, plier, repasser...

On devrait les conduire à la cuisine, aux offices, au jardin potager ; leur apprendre à connaître les provisions nécessaires dans une maison, la manière de les conserver, l'usage qu'on en fait, les vases et les ustensiles employés, et l'entretien qu'ils exigent.

Il serait bon de leur faire mettre la main à certains détails d'office, dresser des fruits, des desserts.

Bon, de leur apprendre à connaître les plantes potagères — on en voit qui ne savent pas distinguer un *chou* d'un *navet*, un *tilleul* d'un *cerisier* — la raison de chaque chose, la conservation des fruits pendant l'hiver, l'époque des grandes provisions... »

Le prélat cite .avec éloge cette page de madame Campan :

« Assise auprès de sa mère, une petite fille doit commencer à se servir de son aiguille, une heure par jour, à des reprises différentes ; car il faut bien se garder de faire naître en elles. du dégoût pour la plus constante et la plus précieuse occupation des femmes.

Des ourlets, des points à marquer sur de très gros canevas, un morceau de tapisserie, un gros point, doivent être les premiers ouvrages.

Il est aussi très essentiel de leur enseigner le tricot fort jeunes. La couture du linge, la coupe des robes, tout ce qui en dépend, doit être de même enseigné avec soin : plus on se rend habile à ces sortes d'ouvrages, plus on ajoute au plaisir que l'on trouve à les faire. »

### 3. *Premiers conseils à la jeune fille devenue maîtresse de maison*

Ces premiers conseils furent donnés à une jeune fille qui avait perdu sa mère, aux premiers jours de son entrée dans sa famille.  :

Elle se trouvait, à dix-huit ans, chargée en quelque sorte de la surveillance et de la direction de cette chère maison où son père, sa grand'mère, ses petits frères, venant instinctivement à elle, semblaient lui' dire : *Remplacez donc la mère*.

Elle le comprenait, et poussée par son cœur, et voulant être réellement *la mère,* elle s'adressa à une vieille amie dont elle savait le dévouement et l'expérience, la suppliant d'être son guide dans cette vie que le bon Dieu lui avait faite.

Quelques jours après, elle reçut les pages suivantes que nous a conservées M^m^ Bourdon :

..... « Vous êtes *tout* pour votre père, ma chère enfant, puisque vous tenez dans sa maison la place de celle qu'il avait associée à sa vie ; faites donc *pour lui* ce qu'elle aurait fait.

Égayez-le par une humeur douce, aimable, par des attentions empressées.

Veillez à son bien-être ; ayez l'œil sur ces soins matériels que les hommes négligent, alors même qu'ils en sentent le besoin, et dont ils souffrent quand ils en sont privés.

Ainsi : occupez-vous de son linge, c'est le seul luxe d'un homme — que ses repas soient servis selon son goût et à ses heures — donnez une active surveillance à l'arrangement de son cabinet de travail afin que les domestiques, sous prétexte d'ordre, ne jettent pas le désordre dans ses papiers.

Pliez vos goûts et vos désirs aux siens. Soyez prête à sortir avec lui quand il le désirera ; et, pour cela, dès le matin, réglez vos occupations et disposez votre toilette — tâchez de causer avec lui, de faire de la musique avec lui ; apprenez à jouer aux jeux qui le récréent et montrez-vous toujours heureuse de lui tenir tête en souriant.

S'il aime la lecture, devinez — c'est facile — les livres qu'il préfère et s'il discute quelquefois, discutez doucement et finissez toujours par le persuader qu'il a raison.

En un mot, rendez-le heureux, ce bon père qui a tant travaillé pour vous et que j'ai vu veiller avec tant d'anxiété auprès de votre petit lit, quand vous étiez atteinte des maladies de l'enfance.

O chère enfant, dans ce dévouement de toutes les heures qui vous fera vivre pour les autres, il y aura parfois *des sacrifices à accepter,* mais jetez un coup d'œil sur les années écoulées, pensez à tout ce que vos parents ont fait et souffert pour vous, et toujours, toujours vous vous trouverez insolvable.

J'en dirai autant de votre bonne grand'Mère, mais là vous trouverez matière à plus d'abnégation encore.

Elle est bien vieille, bien infirme, et ses facultés, si belles autrefois, ont subi *des ans l'irréparable outrage.* Votre bon cœur trouvera là de nouveaux motifs de dévouement et d'amour ; soyez attentive à son bien-être ; exigez des domestiques, en leur en donnant l'exemple, un respect et des attentions de toutes les heures, tâchez de l'égayer doucement, et de deviner les volontés et les désirs qu'elle n'exprime plus qu'avec peine.

Elle aime à se promener, j'espère que bien souvent vous lui servirez de guide et d'appui ; elle se plaît à entendre un peu de musique, chantez pour elle ! La joie que vous lui donnerez vaudra mieux que les applaudissements d'une assemblée brillante.

Enfin, mon enfant, je vous répèterai à vous, à Gustave, à votre petite sœur, à propos de cette bonne mère, ces vers d'une femme poète :

Son navire est au port et va plier ses voiles.
Hâtez-vous de l'aimer, c'est moi qui vous le dis,
Car déjà son pied touche au seuil du paradis.
L'ombre envahit ses jours, couverts de sombres voiles.
Nul soleil d'autrefois dans son cœur ne reluit,
Venez-y rayonner ; la vieillesse est la nuit,
    Enfants, soyez-en les étoiles.

A votre *frère*, à votre *sœur*, vous devez, chère Albertine, *l'affection*, (et vous êtes en fonds, j'en suis sûre) ; de plus, le bon exemple et le bon conseil.

Tâchez d'obtenir leur confiance, mais vous ne le pourrez qu'en leur témoignant beaucoup de bonté et d'amitié. La bonté, c'est la clé d'or qui ouvre les cœurs, et là où l'esprit, la finesse, le talent échouent, la bonté réussit.

Veillez sur vous-même, afin de leur montrer un caractère égal, modéré ; témoignez-leur bien que leurs petites importunités (car ils s'adressent toujours à vous pour leurs études, leurs jeux, etc.) ne vous pèsent jamais, afin qu'ils viennent constamment vers vous avec pleine ouverture de cœur.

Gustave est très vif, et, par conséquent, souvent très peu raisonnable ; que votre raison, à vous, soit calme, dénuée de pédantisme, ne donnant pas tort à la bonne cause en assaisonnant au vinaigre vos remontrances et vos petits sermons.

Octavie est négligente, paresseuse ; stimulez-la par une surveillance exacte et surtout par le bon exemple de l'ordre et de l'activité.

Enfin, que vous dirai-je ? soyez *mère*, en aimant ces chers enfants, en étudiant leur caractère, en les rapprochant de votre père, en les entourant de bien-être, d'amour, de sollicitude !

Pour ces soins de toutes les heures, oui, ma chère Albertine, il faut être *mère* et *savoir aimer, comprendre* et *se dévouer !*

A ces conseils bien sérieux, j'en ajouterai un autre. Il existe, chère filleule, une petite comédie qui porte un singulier titre : *Un ange dans le monde, un diable à la maison.* Beaucoup de jeunes filles, de jeunes femmes pourraient, hélas! être les héroïnes de cette petite pièce, mais j'espère que mon Albertine évitera ce tort et ce travers, et qu'aimable pour tout le monde, elle sera plus aimable, plus expansive, plus douce encore chez elle, au sein de sa famille.

Aux vertus solides, ajoutez l'agrément de la cordialité, de la complaisance, et aussi d'une politesse exacte, quoique toujours simple.

Parce que vous êtes en famille, avec un frère, une sœur, de jeunes parentes, ne vous croyez pas dégagée des liens du savoir-vivre, et soyez sûre que, dans la vie intime, l'observation des bienséances, bien loin de diminuer l'amitié, y ajoute un charme.

Il y a des gens mal élévés qui pensent que la grossièreté est le synonyme de la confiance, et la familiarité la monnaie de l'affection. Ne les imitez pas ; et ce conseil s'applique surtout à votre jeune frère et à votre petite sœur. Ne souffrez pas que sous prétexte des libertés de la vie de famille, ils négligent leur petite toilette, leur tenue, qu'ils demandent brusquement et reçoivent sans remercier, qu'ils témoignent de l'humeur et se livrent avec une franchise trop entière aux explosions de leur caractère. »

### 4. Premier cadeau à une jeune fille devenue maîtresse de maison

Si on permettait à une jeune fille de demander ce qu'elle désire et ce qu'elle croit le plus utile à sa nouvelle position de maitresse de maison, certainement elle ne penserait pas *au cadeau* que fit Voltaire, vieux et souffrant, à sa nièce qu'il appelait *Belle et Bonne*, et que, quelques jours avant de la fiancer, il fit appeler près de son fauteuil de malade.

Le vieillard lui remit un *beau livre* relié en maroquin. Ce n'était ni *Zaïre*, ni *Tancrede*, ni aucune de ses œuvres auxquelles il devait sa gloire... C'était un livre composé de feuillets blancs sur la première page duquel, il avait écrit : *Livre de dépenses de madame la Marquise de Villette.*

*Belle et Bonne* parut surprise ; et le vieillard lui dit : *Ma chère enfant, je n'ai rien à vous apprendre sur la manière de vous faire aimer, mais je vous dirai qu'une femme qui veut être considérée dans sa maison doit veiller sur ses dépenses et tenir ses comptes.*

Un oncle encore, prévoyant lui aussi, remit à sa nièce qu'il installait dans son domicile, *un registre* divisé en plusieurs parties, indiquant, chacune, les *recettes* et les *dépenses* qui peuvent se faire dans une maison.

Sur la première page on lisait ces mots :

*L'économie est la source de l'indépendance et de la libéralité.*

A la partie des *frais de table,* on lisait :

*L'homme sage a toujours trois cuisiniers qui assaisonnent les plus simples mets : La sobriété, l'exercice, le contentement de lui-même.*

Au chapitre des bonnes œuvres :

*Donne comme si tu recevais.*

*Tout ce que tu donnes est inscrit, comme un placement de tout repos, dans le grand livre du bon Dieu.*

Un *livre de compte* entre peu, à cette heure, dans les cadeaux qu'on fait à une jeune fille quand on l'installe maîtresse de maison, et cependant ne serait-il pas nécessaire ?

Quand on n'inscrit pas régulièrement *ses dépenses* — *toutes ses dépenses* — on se laisse aller à une foule de désirs qui créent des besoins factices, besoins impérieux qui portent à des dépenses bientôt regrettées.

C'est un sou, deux sous, c'est une somme insignifiante, mais à la fin du mois, ces petites dépenses font un total quelquefois important.

Quand on s'oblige à marquer toutes ses dépenses les plus minimes, on comprend la valeur d'un sou ; on sait à quoi on peut l'employer utilement, on attend l'heure de l'employer.

La personne *qui compte* n'est jamais prise au dépourvu.

Elle sait se procurer un plaisir à elle-même et aux siens, et ce plaisir ne nuit à rien.

Un *livre de dépenses* habituellement ouvert sur la table de la chambre où la jeune fille vient, tous les jours, écrire les dépenses et les recettes de la maison est un *conseiller fidèle*.

Ecoutez ce qu'il vous dit :

Avant de rien acheter, demande-toi : *Est-ce nécessaire ?* Si *oui*, achète tout de suite et écris ton achat; si *non*, alors même que cet achat te semblerait *utile*, attends jusqu'au soir ou mieux jusqu'au lendemain.

*

Bourse pleine rayonne la joie ;
Bourse vide rayonne la tristesse.

*

Ne dépense pas l'argent que tu n'as pas ; une *dette* est un clou qui s'enfonce toujours davantage en agrandisant la déchirure.

*

*Ordre, économie, propreté*, sont la source de la prospérité d'une maison.

*

*Jamais de dettes*, c'est la source de la paix, de la joie, et de la bonne entente dans un ménage ; c'est la première résolution à prendre par une jeune fille au jour de son installation comme maîtresse de maison.

Ne te laisse pas prendre à la facilité que t'offrent si gracieusement les marchands, de *les payer plus tard* et *quand tu voudras*.

*

Résiste énergiquement à ces *achats de toilette* qui aiguillonnent la jeunesse et miroitent autour de son imagination lui persuadant qu'elle sera plus belle et plus attrayante.

*

Ne t'encombre pas *de futilités*. Vois dans tes armoires, dans ces boites, au fond de ces tiroirs, vois sur ces étagères, que *d'inutilités* fanées par le temps, encombrantes et démodées.

*

Ne prends pas l'habitude de dire à une *couturière*, à une modiste : *Marquez sur ma note.*

*

Ne va pas, sans besoin réel et encore... visiter, par simple curiosité, *les étalages* où courent toutes les jeunes filles. On n'en sort jamais sans avoir dépensé beaucoup d'argent, sans avoir au moins, laissé pénétrer dans son imagination des désirs qui la troublent.

*

Le sage se fait une vie heureuse en la remplissant de *petits bonheurs* — l'étourdi se fait une vie malheureuse en la remplissant de *petites dettes*, résultat de *petites dépenses inutiles.*

*

Etre généreuse, c'est donner en se privant volontairement soi-même. — Etre prodigue, c'est donner sans penser qu'on se prive.

Par la générosité, on retranche un peu de son *bien être* pour en faire participer un autre et c'est un acte méritoire — par la prodigalité, on retranche du *bien être* de la famille pour n'en faire participer que la vanité personnelle ; c'est un acte coupable.

*

Tu seras heureuse si, chaque mois, chaque année au moins, en réglant tes dépenses et tes recettes, tu peux mettre de côté une somme d'argent quelque minime qu'elle soit en disant :

*une part pour l'avenir,*
*une part pour faire du bien autour de moi.*

*

Tu seras heureuse si en voyant le luxe de tes compagnes tu peux dire, sans accuser personne :
*Que de choses dont j'ai su me passer.*

*

L'argent sorti de la bourse pour soulager une misère ou contribuer à une bonne œuvre, n'a jamais diminué la somme totale à la fin de l'année.

*

La dépense faite pour procurer, de temps à autre, *une joie, un bien être, un délassement* à la famille, ne cause jamais aucune inquiétude, et ne diminue pas le budget. Elle augmente l'activité et le dévoucment de tous.

*

Le travail fait de bon cœur ne fatigue jamais. Heureux celui qui *chante* en travaillant. Il y a de gais refrains sur les lèvres qui donnent du ressort aux mains; il y a de douces chansons dans l'âme qui donnent de la constance à la volonté et des illuminations à l'esprit.

# ARTICLE TROISIÈME

Vie intime de la jeune fille dans sa famille

### I. CE QU'EST EN GÉNÉRAL LA VIE INTIME

1. La vie intime, c'est *la vie en dedans* ; c'est-à-dire *la vie de l'âme,* la vie qui se passe loin des regards humains, sous le seul regard de Dieu, dans l'enceinte de cette *petite chambre* tant désirée par la jeune fille et devenue si coquette, si fraîche, si attrayante, par les soins affectueux de sa mère.

Certes, la jeune fille aime la *vie extérieure* qui lui permet ; *dans la maison* — de témoigner par son activité à être utile, toute sa reconnaissance et tout son amour à ses parents qui ont tant fait pour elle ;

Et qui, *hors de la maison* — la met en rapport avec des amies bonnes comme elle, dévouées comme elle, ajoutant par leur affection un nouveau charme à sa vie ;

En rapport avec ceux qui fréquentent sa famille et qui l'initient petit à petit à la vie du monde ;

En rapport avec les pauvres et les malheureux auprès desquels elle comprend le bonheur de la charité.

Certes, la jeune fille aime, unie à ses compagnes, et accompagnée de ses parents, les fêtes, les promenades, .les courses, les voyages... toutes ces choses innocentes qui rendent la vie plus attrayante.

Mais elle aime aussi, elle aime surtout, les heures qu'elle passe seule dans sa *petite chambre*.

Petite chambre que, dès les premiers jours, elle a embelli de tous les souvenirs de son pensionnat et dont elle a fait non seulement *un sanctuaire*, mais aussi, comme l'a si bien dit l'une d'elles, un *visible reliquaire*.

*Souvenirs religieux :* Ils tiennent la plus belle place, la plus apparente, la plus près du lit où elle repose la nuit, et qu'elle voit les premiers dès qu'elle s'éveille.

C'est un beau crucifix, c'est son image de première communion, son diplôme d'enfant de Marie, une radieuse statue de la très Sainte Vierge.

Ils sont là, dominant un élégant *prie-Dieu* cadeau de sa mère — ce meuble sans lequel toute chambre intime, quelque riche qu'elle soit, est incomplète — et là, tous les matins, à genoux, elle renouvelle à Dieu sa promesse de rester fidèle chrétienne ; là, tous les soirs, elle vient demander à Jésus-Christ et à la Sainte Vierge une paternelle bénédiction :

*Souvenirs du cœur :* Dans un cadre élégant sont inscrits, avec le nom de ses maîtresses, le nom des compagnes des dernières années, avec qui elle a travaillé, lutté, prié, et à qui elle a promis — recevant cette promesse à son tour — de ne jamais *laisser venir l'oubli* autour d'elles.

*Souvenirs de l'intelligence :* Au premier rang de la bibliothèque que lui a procurée son père, se montrent ses *livres de prix* — ses *cahiers réliés*, contenant les résumés des devoirs et des leçons de la dernière année — des *albums* où sont copiés par ses compagnes quelques-uns de leurs devoirs et relevés quelques dessins faits par elles...

Oh ! chère petite chambre ! qu'elle y est bien, la jeune fille ! Comme elle y vient souvent — comme elle y trouve de fortes et douces pensées, — comme elle est heureuse d'y retrouver, assise devant ce bureau qui lui rappelle ces beaux jours du pensionnat, la paix des belles années qu'elle regrette quelquefois.

Chère enfant, quand votre chambre vous deviendra moins chère, quand vous n'y monterez plus que le soir, pour y reposer, quand elle ne sera plus pour vous ni *un sanctuaire,* ni *un reliquaire* — regardez au fond de votre âme, vous n'y verrez plus aussi clairement le bon Dieu.

Ecoutez comme Mlle Juranville a su décrire la chambre d'une jeune fille :

« Cette chambre fait plaisir à voir : elle reflète la joie, la candeur, la simplicité de celle qui l'habite.

Ici, est le lit avec ses petits rideaux blancs comme la neige, qu'il est bien fait ! La plume a été remuée, puis égalisée ; le traversin est parfaitement rond et bien posé ; la couture des draps occupe juste le milieu de la couchette : la couverture a été également distribuée ; pas un pli à la courte-pointe, on la dirait tirée à quatre épingles.

Ce n'est pas certes un mince talent que de savoir faire un lit ; demandez plutôt aux pauvres malades et à ceux qui ont des insomnies.

Au bas du lit, est un frais tapis aux couleurs vives et brillantes.

Au pied du lit est un prie Dieu surmonté d'un Christ et d'une statuette de la sainte Vierge. C'est là que la jeune fille, matin et soir, vient prier Dieu de la bénir et d'éloigner d'elle et de ceux qu'elle aime les dangers qui pourraient les menacer.

Un peu plus loin, est une armoire contenant le linge et les vêtements.

A côté de la fenêtre, se trouve une table-bureau sur laquelle sont déposés l'encrier, le buvard et la boite à ouvrage.

Le long du mur, est attachée la bibliothèque, une étagère contenant vingt ou trente volumes : ouvrages de piété, livres de prix, cadeaux d'étrennes.

La cheminée est garnie d'une petite pendule, de deux flambeaux et d'un vase où s'épanouissent quelques roses.

Des deux côtés de la cheminée, sont les photographies du père, de la mère, de quelques amies intimes.

Ajoutons quelques chaises, un tabouret, et... c'est tout...

Non, nous oublions les fleurs grimpantes qui ornent la croisée et les deux gais prisonniers, les deux chantres intarissables suspendus au dehors dans une coquette cage, un serin et un chardonneret.

Oiseau, fleur, jeune fille vont si bien ensemble. »

N'est-ce pas que c'est gracieux, que c'est pur, que tout y respire et que tout y donne la paix ?

### II. CE QUE DOIT ÊTRE LA VIE INTIME DE LA JEUNE FILLE DANS SA FAMILLE

La vie intime de la jeune fille, dans sa famille, doit être :

        une vie de *prière*
        une vie de *travail intellectuel*
        une vie de *perfectionnement*

### I

*La vie intime de la jeune fille doit être une vie de prière*

1. La prière, au pensionnat, était comme le cadre dans lequel se mouvait toute l'activité de la maison.

La prière commençait la journée,

la prière finissait la journée,

la prière, de temps en temps, venait illuminer,

pendant la journée :

les heures de travail,

les heures de récréation,

et jetait sur chacune d'elles — sans les encombrer jamais et sans les interrompre jamais — un rayon de ciel qui les rendait plus brillantes et plus douces.

Heureuses les familles qui se meuvent, elles aussi, dans cette atmosphère divine de la prière.

Heureuses, seriez-vous, jeunes filles, si, par vous, votre famille se sentait peu à peu enveloppée de l'esprit de prière.

Une famille n'est pas, dans le sens strict du mot, *une maison religieuse*, mais elle doit être :

*une maison pieuse*, c'est-à-dire une maison dans laquelle l'idée

de Dieu *maître* qui commande,

de Dieu *auxiliaire* qui vient en aide et qui conseille,

de Dieu *puissant* qui protège,

de Dieu *bon* qui console et qui donne, est permanente.

Une famille doit être une maison *chrétienne*, c'est-à-dire une maison :

dirigée par les enseignement de Jésus-Christ,

soutenue, dans son travail, par l'exemple de Jésus-Christ,

fortifiée et relevée par les sacrements institués par Jésus-Christ.

C'est *la prière* qui entretient dans la famille cette vie pieuse et cette vie chrétienne.

La prière est l'indice de la vie chrétienne comme la respiration est l'indice de la vie naturelle.

La prière n'est pas plus gênante pour la vie chrétienne que n'est gênante la respiration pour la vie naturelle, d'autant qu'elle ne consiste pas essentiellement *dans le mouvement des lèvres* ni *dans le murmure des paroles*, elle consiste surtout dans la tendance de l'âme *à s'unir à Dieu*.

La prière *vocale* dans la famille, peut être *courte*, doit même être courte, mais régulière, respectueuse, confiante.

La prière doit être *faite en famille*, au moins le soir ; et c'est une des obligations importantes de la mission de la jeune fille, en rentrant chez elle, d'établir, si elle n'existait pas, la prière en famille avant de se séparer pour le repos du soir.

La prière du matin doit être suivie de quelques minutes d'une lecture pieuse, réfléchie, qui rappelle à la jeune fille la présence permanente de Dieu dans la maison paternelle.

Ces quelques minutes sont précieuses.

On n'a encore parlé à personne ; et la première parole est pour le bon Dieu.

On n'a encore entendu la voix de personne ; et la première voix entendue est celle du bon Dieu.

On n'a encore reçu d'ordre de personne ; et c'est Dieu qui vient nous dire ce que nous devons faire.

C'est l'obligation de remplir les devoirs de notre *position d'enfant*, soumise, dévouée, aimante ;

C'est l'obligation du *travail matériel* auquel la jeune fille doit s'appliquer, dès la première heure : ordre autour d'elle, menus soins du ménage... tout ce que sa mère lui a confié ;

C'est l'accomplissement des devoirs de politesse, de charité, de complaisance qui vont se présenter à elle, dès qu'elle sera avec les siens.

Les quelques pages que renferme la deuxième partie de votre livre : *la jeune fille en vacances*, vous seront très utiles pour cette lecture.

Utiles aussi, un grand nombre des *Paillettes d'Or* qui seront pour vous, pendant les jours de votre adolescence, ce qu'elles furent, si souvent, aux jours de votre enfance : *un conseiller* qui guidera vos pas — *une force* qui vous retiendra dans le devoir et qui vous ramènera si vous veniez à le quitter.

Votre *livre de piété* du pensionnat doit être toujours votre livre préféré.

Il y a là des indications précises pour la lecture méditée du matin.

Il y a là des *conseils* dont vous comprendrez mieux qu'autrefois l'importance et la sagesse — des *directions* pour vos confessions et vos communions.

Il y a là surtout, presque à chaque page, des *souvenirs pieux* qui seront un encouragement pour votre âme et une joie pour votre cœur.

Si la prière du matin peut être suivie de la sainte messe et de la Sainte Communion, comme l'âme devient puissante pour rester fidèle à Dieu et unie à Dieu !

Comme le cœur devient bon et ingénieux pour trouver les moyens de se dévouer !

Comme la volonté devient ferme pour ne rien négliger de ce qui fait la vie utile et généreuse.

Ne laissez pas, par votre faute, ni la *sainte messe*, ni les *communions* que votre confesseur vous aura permises.

Lisez dans la *Vie au Pensionnat*, ce que nous avons dit du *développement et de l'alimentation de la piété*.

C'est maintenant, plus qu'autrefois, que vous comprendrez la *nécessité* et le *charme de la piété*; maintenant que vous verrez toute la puissance de ce sentiment :

qui porte à vivre avec Dieu comme on vit avec sa mère,

qui fait éprouver pour Dieu ce que la piété filiale fait éprouver pour sa mère c'est-à-dire *le besoin d'être avec lui — d'avoir recours à lui — de compter sur lui de faire tout ce qui est commandé par lui.*

C'est maintenant, plus .qu'autrefois, que vous ne vous contenterez plus de *sentir la piété,* mais que vous voudrez *l'alimenter, la faire grandir, la voir pénétrer votre vie entière* pour en faire *une vie de foi,* c'est-à-dire une *vie d'action* sous la direction et sous le regard de Dieu.

La *piété sentiment,* suffit à l'enfance que Dieu attire à Lui par l'affection ;

*La piété action* est celle que Dieu demande de l'adolescence.

La jeune fille, voudrait, certes vivre toujours d'affection, mais Dieu lui a fait dire que l'*affection qui n'agit pas est une affection stérile ;* et Dieu n'aime pas les âmes stériles il veut qu'elles portent des fruits :

fruits de travail assidu,
fruits de luttes intérieures et extérieures,
fruits de dévouement généreux,
fruits de supports connus de Dieu seul,
fruits de renoncement de toutes les heures,

fruits qui se résument pratiquement :.

dans l'accomplissement affectueux de la
volonté de Dieu manifestée par la position
où il nous a placés,

dans la docilité parfaite a accepter les peines
les contrariétés, les pauvretés de la vie,

dans le filial abandon à la paternelle amitié
de Dieu.

Ces fruits, la piété ne les fera germer en vous qu'autant qu'elle sera gardée, alimentée, fortifiée par les *pratiques de dévotion* et surtout par la *fréquentation des sacrements*, telles que nous les avons indiquées dans la *Vie au Pensionnat*.

2

*La vie intime de la jeune fille dans sa famille*
*doit être une vie ordonnée et régulière*

La vie de prière suppose une vie *ordonnée* et *régulière* qui ne laisse pas les heures de notre journée s'en aller à Dieu, remplies par la fantaisie, par le caprice, par la vanité, par la futilité.

Aussi toute personne qui est maîtresse d'organiser sa vie intérieure, s'empresse-t-elle, si elle a du bon sens, de se tracer : *un règlement de vie.*

Nous ne demandons pas une indication minutieuse de ce qui doit se faire heure par heure, comme elle

existait au pensionnat, mais une indication sommaire:
d'un *travail* déterminé et du temps à mettre chaque
jour ou chaque semaine à ce travail — de *tel livre à
lire — d'une prière à faire...*

Indication qui ne laisse pas la jeune fille indécise,
se demandant, chaque fois qu'elle entre dans sa
chambre : *que vais-je faire ? quel livre vais-je lire ?*

Ce règlement ne doit être ni trop chargé, ni
trop rigoureux ; il faut que l'âme et l'esprit puissent
se mouvoir à l'aise dans le cadre qu'ils se sont tracés
— il faut surtout que par condescendance, par
amabilité, par charité, la jeune fille sache laisser
simplement ce qu'elle avait à faire au moment où elle
a été dérangée, puis le reprendre simplement après.

Mais n'oublions pas que *vivre avec ordre, c'est vivre
vertueux, et que là où il n'y a pas d'ordre, il n'y a pas
la marque de Dieu.*

L'emploi de *la vie extérieure* de la jeune fille est
réglé par sa mère, par sa position de famille, par le
genre de travail qui lui est imposé ;

L'emploi de *sa vie intime,* des heures qu'elle a à
passer dans sa chambre, doit être réglé par elle.

Trois points surtout demandent à être fixés :

> *Le lever du matin,*
> *Le travail intellectuel,*
> *Le coucher du soir.*

1. Le *lever du matin, à heure fixe et de bonne heure*, est essentiel.

Tous ceux qui se sont occupés de la formation de la vie : *médecins, moralistes, éducateurs, saints*, tous ont dit, à la jeune fille, surtout :

*Levez-vous de bonne heure,*
*Levez-vous sans biaiser et sans discuter,*
*Levez-vous à heure fixe.*

Les médecins disent qu'une personne qui reste habituellement *dix heures* dans le lit, en sort toujours *moins saine;*

Les moralistes ajoutent : elle en sort souvent *moins innocente.*

A tout âge, *huit heures*, à moins de cas exceptionnels, suffisent pour reposer le corps: *sept heures* devraient être la règle commune.

Mgr Dupanloup insistait sur le *lever matinal* qui, disait le P. de Ravignan, n'est *pas un petit mérite pour des personnes du monde, il exige un réel sacrifice*, mais il est le garant d'une journée bénie par Dieu.

Une jeune veuve, racontait l'évêque d'Orléans, me disait dans l'intimité : je me lève tous les jours à cinq heures du matin, et c'est vous Monseigneur, qui avez déterminé chez moi cette habitude... Un jour, que, venu à la maison, vous vous promeniez avec ma mère, je vous entendis lui dire : *Une personne qui se lève tous les jours à cinq heures est assurée de son salut*, car c'est à cette heure que l'âme se nourrit de sa meilleure nourriture. Je n'ai jamais oublié cette parole, elle m'a soutenue dans les efforts que j'ai dû faire chaque matin.

2. *Le travail intellectuel déterminé.* — Nous allons en parler.

3. *L'heure du coucher* doit, elle aussi, être régulière.

De cette heure, dépend l'heure du lever ; d'elle aussi, dépend le *sommeil réparateur* qui donne à l'âme et à l'esprit, comme il donne aux corps, la force et la vigueur dont ils ont besoin.

Les veillées dans la famille, dont le temps est aussi fixé, préparent au repos paisible de la nuit ; tout y est si bon, si joyeux, si aimant ; il se fait là comme *un secouement* de cette poussière amassée pendant le jour par ces mille petits accidents qui arrivent dans toute famille — et l'heure de la séparation venue, tout le monde se sent à l'aise.

Prenez garde *aux veillées* qui, plus tard, vous sépareront de votre famille et dont nous aurons à parler.

« J'aime le soir, après la prière en commun, quand le silence s'est fait dans la maison, écrivait une jeune fille, j'aime à m'asseoir un petit quart d'heure devant mon bureau ; et là, sous le regard de mon crucifix et de la très sainte Vierge, je lis doucement, posément, quelques lignes qui me rappellent *la présence de Dieu — la protection de Dieu — la miséricorde et la bonté de Dieu.*

Ces pensées, je les laisse pénétrer intimement en mon âme, et elles m'apaisent, elles me rassurent, elles m'entourent d'une atmosphère divine qui me rend heureuse.

Souvent aussi, j'écris quelques lignes que j'adresse toujours au bon Dieu. C'est mon action de grâce de la journée, c'est mon bonsoir avant mon repos de la nuit, comme celui que je viens de donner à ma mère.

Il me semble que tous dans la maison, tous, mon père, ma mère, mes sœurs, nous sommes paternellement gardés. »

3

*La vie intime de la jeune fille dans sa famille*
*doit être une vie de travail intellectuel*

I. BONHEUR DU TRAVAIL INTELLECTUEL

1. Le *prie-Dieu* placé par la mère de la jeune fille dans cette chambre qu'elle lui a faite si coquette dans sa simplicité si attrayante, si retirée, et qui, nous



7

l'avons dit, ressemble à un *petit sanctuaire*, — ce prie-Dieu dit à la jeune fille :

*Prie !*

Le *bureau surmonté d'une bibliothèque*, placé, en pleine lumière, par le père de la jeune fille, et ornementant si bien sa chambre,

Ce *bureau* habituellement ouvert et présentant à l'esprit tout ce qui est de nature à l'attirer,

Cette *bibliothèque* peu chargée encore, mais offrant à côté des livres de prix, souvenirs du Pensionnat, une collection d'ouvrages choisis avec goût et avec prudence,

Ce bureau et cette bibliothèque disent à la jeune fille :

*Travaille !*

Oui, jeune fille, c'est là, pendant les intervalles que votre mère a su vous ménager au milieu de vos occupations matérielles, et le soir surtout, c'est là que vous devez venir vous reposer avec bonheur.

Le *prie-Dieu reposera votre âme* par la prière — et le *livre de piété*, non pas seulement un *livre de prières*, mais un de ces *livres de conseils* écrits pour les âmes sous le regard de Dieu — ce livre, toujours ouvert, vous aidera à voir Dieu autour de vous, Dieu votre père aimant, Dieu votre protecteur,

Dieu l'ami de votre âme et l'ami de tous les vôtres...
Il vous fortifiera, vous encouragera, vous apaisera
et vous donnera cette douce sérénité d'âme et de
cœur et ce repos d'esprit inconnu dans le monde. —
Quand vous priez, vous parlez à Dieu ; quand
vous lisez un livre pieux, c'est Dieu qui vous parle.

Le *bureau reposera votre esprit* par la lecture et, je
dirai, par la consolation douce, aimable, apaisante,
avec des livres qui deviendront bientôt des amis.

« Oui, dit le P. Lacordaire, un bon livre est pour
l'âme vertueuse un être dévoué avec lequel elle
converse, *un ami du soir* qu'on admet aux plus
familiers épanchements. Penser en lisant uu *vrai
livre*, le prendre, le poser sur la table, s'enivrer de
son parfum, en aspirer la substance, c'est pour les
âmes initiées aux jouissances de cet ordre, une
naïve et pure volupté. Le temps coule dans ces
charmants entretiens de la pensée avec une pensée
supérieure, les larmes viennent aux yeux, on
remercie Dieu qui a été assez bon pour donner, aux
rapides effusions de l'esprit, la durée de l'airain et la
vie de la vérité. »

« Après la prière, de Mgr Landriot, je ne connais
pas de meilleur remède qu'une *lecture* de quelques
heures dans ces écrivains dont la noble pensée et le
style sublime vous transportent dans ces régions

sereines où l'on oublie les hommes et les affaires humaines.

Souvent, dans un rêve de l'esprit, à l'heure où l'atmosphère morale est étouffante autour de nous, on se dit : Mon Dieu ! si je pouvais donc me réfugier sur une haute montagne, m'y reposer quelques jours, y demeurer seul en présence de Dieu, du soleil et de la belle nature, quel bonheur, quelle vie et quelle joie de corps et d'âme !

Pourquoi ce rêve ? Vous pouvez vous procurer ce bonheur sans sortir de votre chambre ; *la lecture, la méditation* nous donne des ailes ; l'esprit s'arrête à la matière ; il monte, il vole, il plane sur ces montagnes intellectuelles où l'on trouve la paix et la sérénité dans la hauteur. »

Votre *corps* qui a besoin de repos lui aussi, le trouvera, tous les jours, dans les heures d'une promenade régulière et dans les soirées de famille ; — et, de temps en temps, dans des sorties, des jeux plus prolongés, des voyages, de joyeuses réunions d'amis, des fêtes que vos parents sauront vous procurer.

Laissez au dévouement de votre père et de votre mère, le soin du repos et des récréations que réclame votre corps ; à vous, le soin de récréer votre esprit, sous le regard de Dieu.

## II. NÉCESSITÉ DU TRAVAIL INTELLECTUEL POUR TOUS EN GÉNÉRAL

L'intelligence comme le corps ne peut rester stationnaire.

Seulement, si le corps après un certain temps pendant lequel il s'est embelli, s'est fortifié, a pris son développement, décroit petit à petit,

L'intelligence a le privilège divin de pouvoir

> s'embellir toujours,
> se fortifier toujours,
> se développer toujours.

Et alors même qu'accidentellement, elle ne pourrait plus acquérir, elle trouve — à moins de cas particuliers — dans les trésors amassés, une lumière et une force qui ne laissent pas ses derniers jours sans consolation.

Prendre soin de son intelligence est un devoir aussi rigoureux que prendre soin de son corps.

Laisser son intelligence dans l'abandon et se dire : *Mon éducation est finie, je n'ai qu'à me reposer,*

Laisser son intelligence ouverte à tout ce qui l'entraîne et l'amuse, et se dire : *Je puis me livrer à mon goût pour la lecture,*

Laisser son intelligence dans le désœuvrement et flotter au gré de l'imagination, et se dire : *Je n'ai plus de leçons à apprendre, plus de devoirs à faire :*

C'est, *devant Dieu*, une faute grave; et elle sera fortement punie, la négligence de cette faculté qui, devait nous rapprocher si intimement de Dieu et nous aider à l'aimer et à le faire aimer.

C'est, *pour notre famille*, pendant les jours où nous vivons encore avec elle, un grave sujet de tristesse. Avec l'abandon de l'intelligence viennent : la négligence dans les devoirs matériels, les exigences continuelles, l'aigreur du caractère, l'augmentation de la coquetterie, le déssèchement du cœur.

C'est, *pour l'avenir,* se préparer une vie pénible ; rien peut-être de repréhensible au-dehors, mais, dans' l'intérieur du ménage, une vie de désunion et souvent de désordre matériel.

III. NÉCESSITÉ DU TRAVAIL INTELLECTUEL POUR LA JEUNE FILLE EN PARTICULIER

1. Avant le grand événement qui doit fixer sa destinée, la jeune fille appelée à être *maîtresse de maison, soutien, auxiliaire, souvent conseillère* de celui avec qui Dieu l'aura unie, *directrice et formatrice* des jeunes âmes que Dieu lui donnera, la jeune

fille doit profiter de ce temps de *vie de famille* qui n'est que transitoire, pour se créer une valeur et un mérite personnel, pour se mettre à même de remplir le but de sa vie.

Ecoutez ce que dit P. Janet sous ce titre :
*Le goût de la culture d'esprit chez la femme.*

Le *ménage* est pour la femme une belle et grande occupation. Je ne veux pourtant point enchaîner la femme au ménage.

Qu'elle le prenne comme *un devoir* et comme *un plaisir*, rien de mieux ; mais que ce plaisir ne dégénère pas en *manie*.

Qu'elle soit *la maîtresse* et non *la servante* de la maison.

Qu'elle ne soit pas seulement la *ménagère* de l'homme, mais *sa compagne d'esprit*.

L'homme fatigué, importuné, rentre au logis pour y chercher le délassement ; or, il ne lui faut pas seulement *un intérieur bien réglé* ni même *un intérieur orné*, il lui faut encore un *esprit orné*.

La femme ne doit pas oublier qu'elle est la joie, le charme, la récréation de la famille. Le grand principe de la politique domestique est de faire que son intérieur paraisse au mari plus agréable que celui des autres.

*L'agrément* est donc en quelqe sorte un des devoirs de la femme.

Or, ce qui répand le plus de charme sur l'intimité d'un ménage, c'est *la culture de l'esprit*.

L'intimité qui a tant de charme a cependant des moments de langueur et de sécheresse; les plus grands sentiments, la piété même, ont de telles langueurs, à plus forte raison, les sentiments humains. L'intimité est indiscrète : elle trahit les défauts et les travers de chacun.

Ce qui comble le mieux les moments de vide et d'ennui, ce qui dissimule le mieux les défauts réciproques, ce qui adoucit et rapproche les humeurs, apaise ou prévient une querelle, épargne à l'un la honte de revenir, à l'autre l'embarras de pardonner, c'est *un certain goût commun des choses de l'art ou de l'esprit*.

Un peu de *musique*, un *album* feuilleté ensemble, une *lecture* faite en commun, un *entretien* intelligent sur ce qu'on lit, sont de belles et heureuses distractions qui enlèvent pour quelque temps le mari et la femme au tracas des affaires, aux soucis de famille, à la clairvoyance dangereuse de l'intimité. »

L'âme de la femme, dit Mgr Landriot, est de la même origine que celle de l'homme; elle a besoin de *lumière* aussi. Cette plante divine ne doit pas rester étiolée; il faut qu'elle donne ses fruits.

Une sage distribution de lumière dans l'âme de la femme ne lui fera jamais de mal.

Elle met les idées en place; et c'est souvent la seule chose qui manque en certaines têtes;

Elle rectifie le jugement, fortifie la volonté, et donne à la conduite une marche plus digne et plus assurée.

Puissiez-vous donc, conclut le prélat, après avoir filé la laine et le lin avec vos mains ingénieuses, devenir également habiles :

à suivre une conversation sur une question sérieuse,

à méditer un livre dont quelque grande et noble idée fait le sujet principal.

Joignez-y ce que Fénélon appelle si bien la *pudeur de la science* chez les femmes, et vous mériterez qu'on vous applique cette parole des livres saints :

*Une femme de bon sens est amie du silence; rien n'est comparable à une femme instruite.*

2. D'ailleurs cet intervalle entre votre sortie du pensionnat et votre établissement quel qu'il soit, peut être rempli, au point de vue intellectuel :

1° Par *une place d'institutrice*, si vos parents le jugent utile ou nécessaire. Le *diplôme* que vous avez obtenu vous donne droit à être acceptée par une famille.

2° Par des *leçons données* dans votre famille, à vos petits frères, à vos petites sœurs qui restent alors sous la garde de votre mère et sous la vôtre.

3° Par *une certaine indépendance* qui vous laisse au milieu des vôtres sans avoir aucun travail intellectuel bien déterminé.

Dans les deux premiers cas, vous devez revoir, *page à page*, les livres classiques déjà appris au pensionnat et qu'il vous faut apprendre aux autres.

C'est tout un travail, pénible sans doute, mais allégé par la pensée que vous êtes utiles à vos parents.

Procurez-vous, dès les premiers jours — et vous pouvez les demander au pensionnat — les livres dont se servaient vos maîtresses, qui, connus sous le nom de *Livre du maître*, développent et complètent les volumes que vous mettrez entre les mains de vos jeunes élèves.

Ces livres seront pour vous *un auxiliaire précieux*, ils vous guideront dans votre enseignement.

Nous ne pouvons pas ici donner à votre inexpérience les conseils que réclamerait votre nouvelle position de *maîtresse*. Ayez recours, comme pour tout ce qui a rapport direct à votre conduite, à celui à qui vous avez confié le soin de votre âme.

3. Si vous ne devez pas enseigner, et si la Providence vous laisse, comme nous l'avons dit, *dans une*

*certaine indépendance,* vous comprendrez vite, par ce qui se dira autour de vous — par la conversation de ceux qui fréquenteront votre famille — par la manière de parler, de raconter, de juger des personnes que vous verrez, vous comprendrez vite combien sont *superficielles* les études que vous avez faites et combien de choses vous connaissez peu ou vous connaissez mal — et vous sentirez le besoin de lire, d'apprendre, d'interroger, d'étudier, de *recommencer vos études.*

Ne vous effrayez pas de ce mot. Ce que vous avez appris jusqu'à cette heure est tracé sur votre esprit comme, autrefois, vos maîtresses traçaient une dictée *sur le tableau noir avec de la craie...* les lignes étaient distinctes à la première heure, elles s'effaçaient d'elles-mêmes, petit à petit.

Soyez bien persuadée que ni votre éducation ni votre instruction n'est finie à dix-huit ans ; et que, si vous ne profitez de ces quelques années *de liberté* pour les çompléter, vous ne le pourrez plus quand, plus tard, comme votre mère, vous serez chargée d'une famille.

4. Si maintenant, vous prenez l'habitude du *travail intellectuel,* cette habitude restera en vous comme une consolation inestimable.

Ne cherchez pas sans doute à être une *femme savante* mais simplement une *femme instruite* et par là même *agréable* : elle sait causer ; *utile* : elle sait conseiller ; *pleine d'aménité* : elle sait écouter, apprécier, applaudir.

Votre savoir donnera à votre piété une puissance qu'elle n'avait pas ; et votre piété donnera à votre savoir une grâce exquise qui le fera encore plus apprécier

« Le travail intellectuel, dit Mgr Dupanloup, recueille, apaise et calme ; il élève le niveau de la pensée ; il donne une plus entière possession de soi, plus de *gravité* et d'*autorité*, par conséquent, pour commander, plus de *force* pour se soumettre et pour obéir, plus de *patience* pour supporter et attendre.

Je le dirai même, le travail intellectuel fait diversion aux mille petits tracas qui absorbent souvent l'existence des femmes.

Sans les faire *sortir de la maison*, elle les fait *sortir d'elles-mêmes* et de leurs soucis domestiques.

Après quelques moments de lectures intéressantes et de travail utile... on se sent de *meilleure humeur — le cœur reposé — le jugement plus net.* »

IV. PRATIQUE DU TRAVAIL INTELLECTUEL

Remettez-vous donc au travail; relisez dans le livre *La Vie au Pensionnat*, le chapitre qui traite de *la vie de l'intelligence*, pages 209 et suivantes. Nous n'avons pas ici à le reproduire ni même à l'analyser, il est trop important pour ne pas vous obliger à le relire en entier.

Voici seulement des conseils pratiques :

### 1° *Choisir les livres*

Ce choix ne peut être fait par vous; vous vous laisseriez guider par votre imagination, et elle vous indiquerait toujours *ce qui plaît*, bien plus que *ce qui est utile*.

Ce choix dépend :

du degré d'instruction acquise et des lacunes de cette instruction,

de vos aptitudes, de vos goûts, de votre position actuelle, du milieu dans lequel vous vivez, du but que vous vous proposez ou plutôt qu'on se propose pour vous.

Si dans votre paroisse est établi un *catéchisme de persévérance*, là, vous seront indiqués les livres nécessaires aux résumés que vous ferez.

Livres exposant la vérité chrétienne et développant les preuves de la révélation et de la divinité de l'Eglise.

Livres *d'apologétique* défendant l'Eglise contre les attaques de la science.

Livres de *philosophie* montrant ce que la foi a apporté de lumière à la raison, et les biens que l'Eglise a répandus dans le monde entier.

Si dans la ville que vous habitez, on fait des *cours d'histoire*, des cours de *littérature*, des cours de *vie pratique*, là encore, vous seront indiqués les livres utiles pour vos rédactions.

Etes-vous privées de *ce guide* pour votre travail et par conséquent pour vos lectures? Demandez conseil à votre père — à vos anciennes maîtresses qui se feront un plaisir de vous venir en aide — demandez surtout la direction de celui à qui vous avez confié le soin de votre âme ; plus que tout autre, il a des lumières pour vous guider; il a surtout du dévouement pour s'intéresser au perfectionnement de votre intelligence comme à celui de votre âme.

### 2° *Lire avec méthode*

La lecture des livres choisis doit être faite avec méthode, c'est-à-dire *avec suite*.

Un livre commencé ne doit pas être facilement interrompu ou laissé par caprice. Il doit être lu jusqu'à la fin, pendant les heures qu'une sage direction a assignées à cette lecture, selon qu'elle est ou simplement *récréative* ou qu'elle entre dans le *plan des études*.

Un livre, celui qui surtout est destiné à la formation ou au développement de notre intelligence doit être lu *un peu lentement* de manière à laisser pénétrer dans l'esprit le *sens des mots* qui expriment une pensée et la suite des pensées.

En général, on lit *trop vite*. On lit *pour savoir*; on ne pense pas *à retenir* ni surtout à *s'incorporer* en quelque sorte ce qu'on lit, de manière à pouvoir après une lecture posément et intelligemment faite, reproduire de vive voix ou par écrit, ce qu'on a lu. Pour bien lire, dit Fénélon, il faut digérer sa lecture et la convertir en sa propre substance ; il faut lire avec recueillement ; il faut que la lecture devienne une demi-méditation.

On lit *trop de livres* aussi ; et la mémoire n'est souvent qu'une *table des matières*, à laquelle manque presque toujours l'indication du livre et de la page du livre où se trouve le mot dont on se souvient.

Un bon livre, bien étudié, bien réfléchi, bien compris, nous serait plus utile que tant de livres rapidement lus.

Un livre ne sera bien compris et sa lecture ne sera réellement utile qu'autant qu'avant de le lire on se rendra compte de ce qu'il renferme. Pour cela, il est nécessaire :

1° d'en lire *la préface* qui indique *le but* de l'auteur,

2° d'en lire la *table des matières* qui donne *le plan* suivi par l'auteur.

On suivra ainsi l'ensemble du livre avec plus d'intérêt et on retiendra plus facilement la doctrine qu'il expose.

### 3° *Recueillir des pensées*

La lecture réfléchie n'est pas suffisante pour profiter des livres que nous lisons. Il faut encore *recueillir* dans chacun des chapitres de ces livres et *copier* les pensées qui nous frappent par *leur originalité* → leur *éclat* — la *poésie* dont elles sont revêtues — par la *manière* dont elles se présentent *fortes, imagées* — par les *idées* qu'elles font naitre dans l'esprit pour lequel elles sont quelquefois comme un rayon lumineux. C'est un *écrin* précieux qu'on se procure et qu'on agence soi-même, et plus tard la lecture de ces fragments, si on a mis *la date* du jour où ils furent recueillis, nous rappellera des joies secrètes et de douces émotions.

Il serait utile encore, après la lecture d'un livre, de copier dans ses grandes divisions, la *table des matières*.

Soyez *abeilles* dans vos lectures, ne soyez pas *papillons*.

### 4° *Transcrire des pages*

Ce ne sont pas seulement des *pensées* qu'il faut recueillir, ce sont encore des *pages entières*. Ce travail est plus long, mais il fait pénétrer plus profondément dans l'esprit les vérités que nous sentons le besoin de connaître plus à fond — ces *pages*, plus que les *pensées*, éveillent en nous des impressions et des sentiments qui élèvent notre âme et la maintiennent à une certaine hauteur — fortifient notre volonté — précisent nos connaissances.

### 5° *Utilité des pensées et des pages recueillies*

Cette transcription, dans des *cahiers* réservés pour ce travail et, plus tard, *reliés* avec soin et *conservés* avec affection, est :

Utile *pour l'attention* qu'elle forme lentement en *la fixant* sur une pensée, sur une page, pendant quelques minutes d'abord, la retenant là, en l'obligeant à copier cette pensée et l'accoutumant ainsi à devenir plus constante.

Utile pour *l'intelligence* qu'elle éclaire doucement, sans fatigue, lui procurant une jouissance passagère sans doute, mais réelle, et lui montrant ainsi la source des joies qu'elle réclame.

Utile *pour la mémoire* qu'elle enrichit *de pensées,* de *citations,* choisies avec goût, classées avec méthode et par conséquent faciles à retrouver. — Pensées et citations qu'elle aura *retenues,* au moins quant au sens, par l'application qu'elle s'est imposée de les copier avec une certaine lenteur. On a dit, et c'est vrai, que *transcrire une page, c'est la lire deux et même trois fois.*

Utile pour le *goût* qui ne transcrit, après surtout un peu d'expérience, que ce qui est réellement beau, ce qui resplendit, ce qui élève.

Utile à *la composition,* fournissant à l'esprit, dans ces recueils qui, de mois en mois, sont devenus plus nombreux, *un trésor,* où il pourra puiser des *idées* pour compléter celles qu'il a émises lui-même, pour les rectifier quelquefois, pour leur donner plus de force et plus de grâce.

Ce *recueil* de pages prises dans les livres, fait naître petit à petit *le désir* d'un autre recueil plus intime.

Celui des *pensées* qui naissent si fécondes, souvent si colorées dans l'esprit de la jeune fille.

Celui des *aspirations* qui élèvent son âme, et l'emportant au-delà du monde matériel, la montent jusqu'à Dieu.

Celui des *sentiments* qui activent la vie de son cœur, et qui, bien guidés, peuvent rendre la vie réelle si pleine de dévoûment et de mérites.

N'est-ce pas un de vos plus ardents désirs, jeunes filles, celui d'écrire *votre journal ?*

Nous en parlerons bientôt.

### 6° *La gerbe d'Ita*

Ecoutez ce qu'écrivait une jeune fille qui sous le titre de *Gerbe d'Ita* a publié quelques-unes des pages qu'elle avait recueillies dans ses lectures.

« Dieu mit près de moi une amie qui donna à mon esprit la direction qui m'a soutenue dans les nombreuses peines de ma vie.

Un jour que je me plaignais de ne pouvoir plus aller aux champs, comme aux jours de ma petite enfance, glaner les épis d'or, épars ça et là, elle me sourit comme une aïeule indulgente sourit à ses enfants et chercha, dans une région plus élevée, un plaisir ressemblant à celui qui me manquait.

Elle me dit avec ce visage doux et bon qui vit dans ma mémoire.

Glaneuse, je veux t'apprendre à marcher dans la vie en t'arrêtant à chaque pas — en regardant autour de toi — en ramassant pour ainsi dire chaque épi tombé.

Plusieurs champs s'étendent devant ton regard :

Le champ de *la foi*,
Le champ de *l'histoire*,
Le champ de *la philosophie*,
Le champ de *la poésie*,
Le champ du *souvenir et de la famille*,
Le champ de *la fantaisie*.

Tous produisent des épis. Recueilles-en quelques-uns ; forme une gerbe que tu m'apporteras de temps en temps pour réjouir mes vieux jours, et quand tu ne m'auras plus, glane encore, glane toujours en souvenir de moi.

Comme elle a dit, j'ai fait. Suivant son conseil, je n'ai pas voulu passer, les yeux fermés, à travers les hommes et les choses ; je n'ai pas fait une lecture sans en retirer soit une courte analyse, soit une page, soit une réflexion née du sujet.

Ce que je voyais je le racontais ; ce que j'entendais je le répétais, et ces labeurs étaient payés d'un sourire d'intérêt et d'une parole de bonté.

Puis, quand vinrent ces tristes jours où Dieu, pour un temps, sépare les âmes qu'il avait rapprochées, *le pli était pris ; écrire m'était un besoin.*

J'ai continué le long de ma vie à ajouter des épis à ma gerbe ; je continue toujours et ne me reposerai de ce doux travail, que lorsque la voix adorée du

Maître me dira : *Glaneuse, passe des champs de la terre, aux champs fortunés de ta véritable patrie.* » (De Stolz.)

Ne l'enviez-vous pas *le doux travail* de cette glaneuse, et ne pourrait-il pas charmer votre vie de jeune fille, comme il a charmé sa vie ?

### 7° *La gerbe de deux jeunes filles*

Nous avons sous les yeux un *cahier* élégamment relié dans lequel a été amassée et classée toute une moisson de pensées cueillies pendant une année par deux sœurs.

Le *goût* qui a présidé à ce choix est délicat.

Le *classement* qui a été fait suppose un jugement sûr.

Le *profit* retiré a été l'élévation de l'intelligence, la direction de la vie, la formation de l'âme.

Le *but* a été la réalisation d'une pensée bien délicate.

Leur père, au jour de l'an, leur avait donné comme étrennes :

Les œuvres de Mgr Landriot : La *femme forte,* la *femme pieuse,*

Les conférences et les *lettres* du P. Lacordaire *aux jeunes gens,*

Les *lettres* de Mgr Dupanloup *sur l'éducation des filles* — et les *Conférences* du même prélat *aux femmes chrétiennes.*

Ces enfants voulurent prouver à leur père qu'elles appréciaient sa générosité ; et lisant posément et la plume à la main ces huit volumes, elles surent en extraire tout *un gros cahier de pensées* adaptées à leur vie de jeune fille, leur donnant pour leur âme, pour leur cœur, pour leur intelligence, des conseils pleins de sagesse, pleins de vie et exprimés avec le charme que ces auteurs ont mis dans leurs écrits.

Le jour de la fête de leur père, elles lui offrirent ce *cahier*, et lui, le père, les yeux pleins de larmes de joie, leur dit en les embrassant : *Vous ne pouviez pas me faire un plus grand plaisir.*

Cueillez donc dans les livres, cueillez des *pensées*, copiez des fragments de pages, comme dans les champs, vous cueillez des fleurs et formez un *Herbier littéraire;* les anciens donnaient à ces recueils le nom d'*anthologie* qui a le sens d'*herbier.*

Les fleurs de l'esprit valent bien celles des champs; elles sont plus durables ; elles sont plus agréables, *plus utiles* surtout.

## 8. *Imitation de la gerbe d'Ita*

Nous n'avons pas à tracer ici un *plan d'études* ni même de *lectures*, difficile à suivre par une jeune fille dans sa famille, si elle n'est pas guidée directement soit par *un maître particulier*, soit par l'enseignement donné dans les *cours.*

Voici simplement quelques indications générales.

Relisez, aux premières pages de ce chapitre, ce qu'écrivait *cette glaneuse* qui s'en allait chaque semaine, chaque jour quelquefois, cueillir à travers les livres des *épis* qu'elle amassait en gerbe gracieuse dans des cahiers devenus pour elle des *trésors.*

Essayez ce qu'elle faisait. Comme elle, copiez, analysez.

1

### Champ de la Foi

Quels nombreux et fertiles *sillons* dans ce *champ de la foi,* ouvrant devant notre âme et notre esprit, ces livres qui nous parlent de Dieu.

1. *Livres de piété* qui nous mettent :

En rapports intimes *avec Dieu,* nous le montrant *présent* partout — partout, *Père* qui prend soin de nous, partout, *Maître* qui nous impose un devoir et nous donne les moyens de l'accomplir.

En rapports intimes avec *Notre-Seigneur Jésus-Christ,* Dieu, c'est vrai, mais *homme* aussi comme nous, et disant à chacun de nous : *ce que tu dois faire je l'ai fait — ce que tu dois souffrir, je l'ai supporté — je t'ai donné l'exemple autrefois; à cette heure je te donne la force —* avec Jésus-Christ *vivant encore* dans la Sainte-Eucharistie où nous pouvons aller lui parler et l'écouter.

En rapports intimes avec la *très sainte Vierge*, la mère de Jésus-Christ et notre mère à tous qui a conservé dans le ciel les sentiments maternels qui la portent à aimer nos âmes comme elle aimait son fils Jésus.

2. *Livres de doctrine* qui nous font connaître : *Dieu, Jésus-Christ, l'Eglise* continuatrice de la vie et de l'œuvre de Jésus-Christ : vie de bienfaits — vie de luttes — vie de souffrances — et nos *devoirs envers Dieu, Jésus-Christ, l'Eglise...*

Oh ! l'utile travail que celui de réunir, en les groupant, quelques-unes des belles pages ou même quelques-unes des pensées sur notre *Seigneur Jésus-Christ* qu'on rencontrerait en lisant les ouvrages du *P. Lacordaire*, de *Mgr Bougaud*, du *P. Monsabré*.

3. *Livres d'exemples*, nous montrant, dans *la vie des Saints*, la mise en action des enseignements de Jésus-Christ et de l'Eglise — exemples plus à notre portée peut-être, dans la *vie de ces jeunes filles* de dix-huit et de vingt ans, qui par la piété ont su rendre leur passage sur la terre si dévoué et si utile.

Avant tout, plus que tout, *soyez fortes dans la foi,*
La foi, c'est la connaissance de Dieu,
La foi, c'est le service de Dieu pratiqué et enseigné,

La foi, c'est la défense de Dieu.

Or pour connaître, pour savoir, pour défendre Dieu, il faut *étudier ;* il faut *faire pénétrer* dans son esprit les vérités renfermées dans le *catéchisme* — il faut *conserver* ces vérités, les entourer, au fond de son âme, de respect et d'amour, les laisser en quelque sorte s'unir à notre âme comme la nourriture s'unit à notre corps.

C'est alors, mais alors seulement, que la piété est *solide*, qu'elle sert de base à toute la vie et la rend utile et dévouée,

qu'elle est *droite*, apprenant à préférer les devoirs de la position à toute autre dévotion quelque entrainante qu'elle soit,

qu'elle est *forte* sachant tout sacrifier à l'accomplissement de son devoir, et supporter sans faiblir et sans murmurer les peines de la vie, les tristesses, et les chagrins intimes.

« Je ne crains pas de le dire pour l'avoir expérimenté trop souvent, écrit Mgr Dupanloup, il y a aujourd'hui parmi nous, *en matière de religion*, une ignorance déplorable. J'ai rencontré, même chez des personnes très instruites d'ailleurs, pieuses et pratiquantes, de véritables profondeurs d'ignorance en cet endroit.

On ignore *tout* de sa religion ; on ne sait *rien* ou *presque rien* de ses enseignements, quelquefois les plus essentiels ;

*Rien* de sa constitution, *rien* de sa liturgie ;

*Rien* de ses preuves, de ses droits, de son action dans le monde ;

*Presque rien* de ses origines, de l'histoire même de Jésus-Christ.

On ne comprend pas ses intérêts les plus évidents, on est incapable de les servir, incapable de les défendre.

Voilà pourquoi nous voyons tant de chrétiens mous, flottants, et si peu de ces mâles et forts chrétiens, *enracinés et fondés dans la foi,* comme disait S. Paul, si peu de grandes âmes et de grandes vertus.

Il n'y a que la foi, à l'état de lumière et de flamme, qui puisse faire les âmes énergiques et vaillantes, comme il en faudrait aujourd'hui. »

Les Conférences du P. *Monsabré*, celles du P. *Félix*,

Les œuvres de Mgr *Besson*,

Les conférences, plus anciennes mais plus précises et plus simples, de *Frayssinous*,

Quelques catéchismes développés, vous seront très utiles pour l'étude que nous vous demandons.

2

## Champ de la Philosophie

Ne vous effrayez pas de cette science qui n'a de réellement effrayante que les mots sous lesquels on la présente.

La philosophie, c'est *la science* ou plutôt *l'amour de la sagesse*, c'est-à-dire :

de cet état d'une âme qui se connaît et se possède ;
qui sait où est *le vrai*, *le bien*, *le beau* et qui le cherche,
qui le trouve, et met toute la puissance de de son être à le *connaître* et à le *communiquer*.

Quels magnifiques épis à glaner dans ces livres qui nous montrent la *vérité* dans sa splendeur,
qui nous font sentir la grandeur *du bien*, excitant en nous le désir de la pratiquer,
qui nous initient à tout ce qui est *beau*, dans la nature, dans les arts, dans les âmes, dans Dieu !
Magnifiques *épis* à glaner dans ces livres qui nous parlent de tout ce qui, en nous, est réellement *grand*, réellement *beau*, réellement méritoire : notre

âme, ce don de Dieu, reflet de sa vie, de sa beauté, de son immortalité ;

qui nous montrent la puissance et la grandeur de notre intelligence,

> la force de notre volonté,
> le dévouement de notre cœur,
> l'éclat que peut donner à toutes choses, notre imagination,
> la puissance qu'ajoute à notre intelligence, l'attention
> l'attrait, la joie que nous fait éprouver la splendeur du vrai.

Tout cela est du domaine de *la philosophie.*

La philosophie élève l'âme au dessus des sens et, du monde visible, lui montre unis à la religion, dont elle est l'auxiliatrice, sa nature, sa destinée, sa puissance, ses droits.

La philosophie forme l'esprit et l'habitue à penser par lui-même, à juger, à raisonner avec justesse, à s'affranchir des préjugés et des passions. Ni dans son jugement, ni dans ses actes elle ne se sépare jamais de Dieu qui est le *siège de la sagesse,* le foyer de la vraie philosophie.

La philosophie éclaire et complète toutes les sciences, elle s'insinue, comme l'air s'insinue dans tout le monde matériel, dans tous *les actes humains,* et prend simplement alors le nom de *philosophie de la vie pratique.*

Contentez-vous de lire, de résumer, de copier, de réunir en gerbes, quelques-unes des pages ou des pensées fortes, brillantes, fécondes de nos philosophes chrétiens ; et, comme l'ont fait quelques jeunes filles studieuses, composez pour votre usage personnel : *un code de vie.*

Nous avons quelques-uns de ces recueils sous ces titres : *Essai sur les moyens de me rendre heureuse.*

*Dictionnaire du bonheur* — dans lequel l'*auteur* avait essayé d'indiquer, en les développant, tous les mots qui lui paraissaient donner un moyen *de devenir meilleure — de pratiquer un acte de vertu même insignifiant — d'affaiblir, ou même de déraciner un vice — de diminuer les fantaisies — de dominer et d'assouplir son caractère....*

*L'art d'arriver au vrai,* par Balmès,

*Les sources,* par le P. Gratry,

*Le prix de la vie,* par *Ollé-Laprune.*

*L'essai sur le gouvernement de la vie,* par Duchesne,...

Vous serviront de *guides* pour ce travail.

**¡ 3**

### Champ de l'Histoire

Il y a largement à glaner dans l'étude de l'histoire.

Il y a à raconter un *siècle*, une *époque*.

Il y a à reproduire des *faits* isolés.

Il y a à juger *des hommes* qui, passant devant nous, ne peuvent plus, à cette heure, ni cacher, ni diminuer les actes qu'ils ont produits, ni nous tromper sur leurs intentions.

Il y a à citer *des mots* qui caractérisent une époque ou un homme, et à les justifier.

Il y a à redresser *des jugements* portés par la passion ou par l'ignorance.

Il y a à se rendre compte *des causes* qui ont produit ces effets brillants ou désastreux qui sont racontés.

Il y a surtout à voir l'action de Dieu et l'influence de l'Eglise — à justifier l'Eglise des accusations portées contre *sa conduite* par la mauvaise foi.

Revoyez les *notes* qu'on vous a dictées au Pensionnat, et procurez-vous les livres qu'on vous a indiqués. Les *classiques* étudiés sont de précieux manuels à conserver — voyez pour l'Eglise, le second volume *après le catéchisme, réponses aux objections,* et le bel ouvrage de Mgr Baunard : *un siècle de l'Eglise de France,* 1800 à 1900.


## 4
### Champ de la Poésie et de la Littérature

1. Il faut aimer ce travail qui *glane* parmi les livres, et *conserve,* en les copiant et souvent en les apprenant par cœur, *les poésies* qui tout en récréant l'esprit et charmant l'imagination donnent à l'âme *une force* qui la soutient et la relève, et une *clarté* qui lui montre et lui fait aimer ce qui est beau.

Il faut que chaque jeune fille ait un *cahier* où elle recueille toutes les belles pages, toutes les poésies qui ont produit sur elle de fortes et brillantes impressions,

*poésies,* qu'elle relira pour elle seule,

*poésies,* qu'elle lira le soir à la famille réunie autour du foyer, et, par elle, fera pénétrer dans les âmes qui lui sont chères, quelque chose de divin.

Un *recueil* imprimé, quelque bien choisi qu'il soit, ne vaut jamais *pour nous* un recueil fait *par nous.*

La poésie qui est l'art dans ce qu'il a de plus élevé, est encore le meilleur auxiliaire pour grandir les âmes. Il y a entre le beau et le bien la plus étroite parenté, ce sont deux faces de la perfection ; et donner à une âme de vives émotions esthétiques, c'est faire beaucoup pour l'améliorer, alors même que ces émotions n'auraient pas directement un caractère moral.

Faire rentrer la poésie dans la vie, c'est y faire rentrer la vérité, disait Auguste Cochin ; c'est aussi y faire rentrer la joie.

Nul n'aime la poésie sans aimer la lumière,
Nul n'aime la lumière sans aimer la vérité,
Nul n'aime la vérité sans aimer la justice,
Nul n'aime la justice sans aimer Dieu
Nul n'aime Dieu sans trouver le bonheur... chantait
un poète breton.

2. La *littérature* embrasse, surtout pour vous, à cette heure, l'*histoire littéraire*, c'est-à-dire *l'indication* des productions de l'esprit et le *jugement* à porter sur chacune de ces productions qui — à travers *le temps* destructeur de tout ce qui est *médiocre* — se sont conservées par leur goût délicat, leurs pensées élevées, leur style pur et correct, et s'offrant comme des modèles, sont toujours lues avec plaisir et profit.

Les deux volumes classiques *Notions élémentaires de l'histoire littéraire* vous serviront de *guides* pour lire les ouvrages plus complets que nous vous indiquerons.

Procurez-vous l'*histoire de la littérature française*, par Alfred Nettement.

Les *portraits* de Léon Gautier.
Quelques volumes de Emile Faguet.


5

### Champ du Souvenir et de la Famille

Ce champ est bien vaste, il est bien fertile ; il est surtout bien attrayant pour la jeune fille.

Elle est si gracieuse la famille, vue à dix-huit ans avec les yeux de l'affection et de la foi !

Tout ce qui s'y passe est si bon, si réconfortant que la jeune fille voudrait ne jamais rien oublier de ce qu'elle a vu de ce qu'elle a senti, pour retrouver plus tard les *émotions* qu'elle a éprouvées, *les joies* qui l'ont fait sourire, les *dévouements* dont elle a été l'objet, les *sacrifices* généreux dont elle a été témoin.

De là, le besoin de *confier au papier* ce qu'elle a vu, ce qu'elle a senti, ce qu'elle a désiré ; de là, cet empressement, le soir quand tout est calme autour d'elle, pour se retirer dans sa petite chambre et pour écrire ce qu'elle appelle *Mon journal.*

La question d'engager une jeune fille à *écrire son journal* a été discutée : *Est-elle utile ? N'a-t-elle pas son danger ?*

9

1. Ecrire son journal a son danger :

Si la jeune fille ne l'écrit pas sous le regard de Dieu à qui rien n'échappe.

Si elle le tient tellement secret qu'elle serait fortement peinée s'il était lu, même par sa mère.

Si elle passe à l'écrire le temps qu'elle devrait employer à un devoir rigoureux.

Si elle ne le remplit que de futilités, de fadaises ; et surtout si elle se sert de ces heures de tête à tête avec soi-même pour donner libre cours à son imagination, bâtir des châteaux en Espagne, se déclarer la plus malheureuse des créatures...

Ce que je crains, dans l'habitude d'écrire *son* journal, dit Mgr Dupanloup, c'est le défaut de simplicité — la prolixité — l'épanchement sans mesure — l'évanouissement de l'esprit et de l'âme dans des pages sans but et sans fin.

2. Ecrire son journal *a son utilité :*

S'il est écrit comme écrivait le sien M^me de Lamartine : « Elle n'écrivait jamais pour écrire, encore moins pour être admirée ; elle écrivait pour elle-même et pour retrouver dans un registre de sa conscience et de sa vie intérieure, *un miroir moral d'elle-même où elle regardait souvent pour s'améliorer.* »

« Voici pour moi l'idéal du journal, écrit une jeune fille : Peu de faits ; des pensées sérieuses ; des réflexions motivées d'après les grands principes d'honnêteté, de franchise, de vertu évangélique, sur ce qu'on voit, qu'on entend, qu'on éprouve. Je lui donne même un rôle plus haut : Il doit aider à réformer le caractère — à nourrir la piété — à exciter les beaux et nobles sentiments en donnant les moyens de se suivre journellement.

Le plan de mon journal est celui-ci :

Ai-je rempli tous mes devoirs ? Qui m'en a empêché ? Est-ce la fantaisie ? Est-ce la paresse ? Est-ce l'attrait du plaisir ?

Ai-je été bonne, dévouée, aimable ? Ai-je fait un peu de bien ?

Ai-je été maîtresse de *moi ? de mon imagination ?*...

Ai-je supporté, sans les montrer, un froissement et une peine intérieure ?

Le *Pourquoi* et le *Comment* de mes réponses.

Avec qui ai-je eu des rapports ?

*Personnes* que j'ai vues,

*Livres* que j'ai lus,

*Joies, déceptions, peines* que j'ai senties. »

Au moment où Lamartine quittait le collège s'en allant, emporté par ses vagues désirs, un peu çà et là comme l'hirondelle, sa mère lui dit :

« Fais comme moi, donne une heure à l'enregistrement de tes impressions. Il est doux de fixer les joies qui nous échappent ou les larmes qui tombent de nos yeux pour les retrouver quelques années après et pour se dire : *Voilà donc de quoi j'ai été heureux, voilà donc de quoi j'ai pleuré.* »

Une vieille tante écrivait à sa nièce :

Une femme ne peut guère se passer de confident, je le reconnais ; prends-en un qui soit discret, et pour être certaine qu'il ne te trahira pas, choisis-le, *muet et inanimé.*

Emploie tes heures de désœuvrement à *correspondre avec toi-même.* Dans les moments d'affliction, tu éprouveras un soulagement immédiat, et tes plaisirs se doubleront au récit que tu en feras.

D'ailleurs, tu contracteras ainsi l'habitude d'écrire ; ce n'est pas qu'elle me paraisse à rechercher pour une femme, mais elle *implique l'habitude de penser* qui n'est pas à dédaigner ; elle la modère, elle la règle.

Tu t'accoutumeras *à te recueillir, à descendre en toi-même, à exercer ton esprit.*

Peut-être *parleras-tu moins ;* ce sera autant de gagné pour la réflexion.

N'attache pas d'autre importance à cette occupation quotidienne que celle d'un *délassement,* tu tomberais dans un excès grave, je veux dire : *la con-centration exclusive de toi.* »

« Il y a des jours, écrit encore une jeune fille, où après avoir surveillé le ménage et rangé sa chambre, on ne trouve de goût ni à coudre, ni à faire de la tapisserie, ni à relire des livres qu'on connaît déjà par cœur...

Que faire alors ? Regarder tomber la pluie, s'il pleut, ou briller le soleil, s'il fait beau temps ? C'est une occupation qui devient vite monotone et dans laquelle mon activité ne trouve pas son compte.

Alors, *mon journal* me donne l'illusion d'une amie à qui je confie mes secrets — à qui je raconte les petits incidents de ma vie — que j'amuse en croquant pour elle, les personnages singuliers que j'ai rencontrés sur ma route.

Elle est d'un caractère charmant, cette amie à qui j'écris : *gaie*, lorsque je le suis, *triste* quand j'ai du gris dans l'âme. Elle me laisse parler en s'intéressant à tout ce que je dis, sans jamais m'interrompre.

Avec cela, je me donne l'illusion de créer un peu de littérature, et il m'arrive parfois, quand je me relis, de trouver une page qui me fait plaisir et de me dire avec *un peu* ou même *beaucoup de vanité :* *Tiens ! voilà qui est assez bien et qui ne ferait pas mal dans un livre.* »

Voyez comme modèle, le journal d'*Eugénie de Guérin* — celui de *Marie Edmée* — celui de *Rosa Ferucci* publié par sa mère — un gracieux volume *Au jour le jour* dont Mgr Mermillod disait : Ces pages révèlent les deux plus grandes forces qui sont ici-bas : la foi et le cœur d'une mère. Voyez encore les *confidences de Marguerite* et le volume intitulé *Le vol d'une âme,* etc.

6

**Champ de la Fantaisie**

Nous ajoutons cette dernière indication qui répond à un besoin impérieux poussant la jeune fille *à lire,* à lire beaucoup — à lire tout ce qui *tombe sous ses mains* — à lire surtout ce qui s'étale sous un titre qui exalte son imagination.

Cette tendance aux *lectures de fantaisie* est surexcitée par la manière dont se font les *études littéraires* et qu'il est difficile de modifier.

A quoi tendent, dans nos écoles, les *cours de littérature* qui doivent compléter toute éducation de jeunes filles, si ce n'est à leur donner un vif désir de connaître tous les ouvrages *dramatiques et romanesques* qui composent une partie de la richesse intellectuelle de la France, dont on leur cite les noms, et dont on lit, en les faisant admirer, quelques fragments ?

Comment est-il possible, *sans une forte direction*, d'empêcher une jeune fille de continuer ce qu'elle appelle *ses études*, en lisant les livres d'un auteur dont les pages qu'elle connaît l'ont vivement impressionnée ?

Ces pages, au pensionnat, on les choisissait avec un tact, une délicatesse, une prudence qui les rendaient inoffensives ; à cette heure qui choisira pour vous ?

Ces *livres*, ces *journaux*, ces *revues*, ces *albums*, ces *œuvres d'art* se présentent à vous avec leurs miroitantes enjolivures, leurs dessins si pittoresques, et tous, avec une voix qui parle aux yeux, doucereuse et pleine de charme, vous demandent de les accueillir comme des amis.

Et vous, tenues en garde jusqu'à cette heure, vous, sevrées avec tant de précautions de ce que vous appeliez — le disant sans le connaître — *le fruit défendu*, comment les repousserez-vous, quand il vous sera si facile de les avoir, de vous isoler avec eux, et de tromper vos parents ?

O enfants, enfants ! prenez garde !

Ne lisez jamais — *sans demander conseil* — un de ces livres qui ont des titres attrayants, livres dont tout le monde parle, que tout le monde a lus, livres d'un auteur en renom.

Ce conseil, demandez-le à votre mère sans doute, mais surtout *au prêtre* qui a soin de votre âme.

Nous ne voulons pas directement parler des *mauvais livres*, l'appât le plus attrayant et le plus dangereux que le démon a inventé pour attirer doucement les âmes, les fasciner, les enivrer, les tenir esclaves, puis leur faire subir les tortures les plus effroyables et les plus dégradantes.

O pauvre fille d'Ève ! O pauvre jeune esprit !
Hélas ! Si ta main chaste ouvrait un livre infâme,
Tu sentirais soudain Dieu mourir dans ton âme,
Ce soir, tu pencherais ton front triste et boudeur...
Et demain, tu rirais de la sainte pudeur !
Ton lit, troublé, la nuit, de visions étranges,
Ferait fuir le sommeil, le plus craintif des anges !
Tu ne dormirais plus ! Tu ne chanterais plus !
Et ton esprit, tombé dans l'océan des rêves,
Irait, déraciné comme l'herbe des grèves,
Du plaisir à l'opprobre et du flux au reflux !

Victor HUGO.

Les mauvais livres ont beau se voiler sous des apparences de candeur et de mérite, ils font éprouver, pendant un certain temps, aux âmes bonnes et délicates comme les vôtres, la sensation d'effroi que fait éprouver à l'agneau la vue, même dans le lointain, d'une bête fauve.

Enfants, ne dédaignez pas cette *crainte instinctive* de votre âme ignorante du mal ; c'est la voix de votre ange gardien qui vous dit : *Prends garde !*

Le cœur d'un homme vierge est un vase profond ;
Lorsque la première eau qu'on y verse est impure,
La mer y passerait sans laver la souillure.
Car l'abîme est immense et la tache est au fond.

Nous voulons vous mettre en garde contre *ces livres* qui, sous une forme souvent littéraire, montrent *la vie tout autre qu'elle est.*

Ces livres dégoûtent petit à petit de cette vie de famille, douce et paisible, qui nous avait suffi jusque-là, et exaltent, pour un *idéal* qui rayonne, tout ce que peut rêver une enfant sans expérience et qui jamais, jamais ne se réalisera.

Ces livres faussent le jugement ; ils appellent *bien* ce qui plaît, ce qui charme, ce qui procure quelque sensation agréable — ils appellent *vertu* les efforts et les sacrifices qu'on fait pour atteindre ce qui plaît, pour posséder ce qu'on désire, — pour éloigner tout obstacle qui s'oppose à ce qu'on veut.

Ces livres appellent *esclavage* les lois de Dieu, les habitudes pieuses de la famille — *injustes* les reproches qui nous sont faits par ceux qui ont droit sur nous ; ils nous isolent de la famille et nous font abandonner peu à peu nos pratiques de piété.

Ces livres nous persuadent que nous sommes des *victimes*, parce que nous sommes surveillés dans nos amitiés, dans nos sorties, dans nos lectures... et ils aigrissent notre caractère, nous portent à nous cacher et à avoir des secrets pour notre mère...

Ces paroles vous semblent exagérées ; elles ne le sont pas. Les livres romanesques ne vous apprendront pas directement le mal peut-être, mais ils vous disposeront à le connaître.

A l'âge où vous êtes, il n'est pas de livres dont la lecture soit indifférente, et lorsque il est donné à un observateur d'étudier un esprit novice dans ses premières expansions de paroles, d'écrits, d'actions, il peut toujours dire : *Tel genre de livre a passé par là.*

Un auteur qui n'est pas suspect, George Sand, a dit : *J'avais dix-sept ans quand je lus un roman de Madame de Genlis ; il m'impressionna vivement, et il a produit son effet sur toute ma vie.*

V. INDICATION DES LIVRES FORMANT LA BIBLIOTHÈQUE<br>D'UNE JEUNE FILLE

1. Les livres qui forment la bibliothèque d'une jeune fille doivent, dans les premières années, être peu nombreux.

Une vingtaine de livres de *piété* et de *doctrine*,

A peu près autant de livres d'*histoire* et de *littérature*... C'est bien assez.

Qu'elle prenne garde à l'ambition ou peut-être à la vanité d'avoir beaucoup de livres et de se complaire devant l'étalage de belles reliures.

Petit à petit, le nombre des volumes augmentera :

par les *cadeaux* du jour de l'an et de l'anniversaire d'une fête,

par les *surprises* qu'une mère aimante et qu'un père sérieux feront à leur fille qu'ils voudront récompenser de son dévouement,

par l'emploi des *économies* de la jeune fille elle-même, comprenant à mesure que grandit *son bon sens*, qu'un bon et beau livre est préférable à une parure.

Un père et une mère sérieusement dévoués comprennent, eux, le bonheur qu'apporte à la vie *une intelligence* éclairée, élevée, formée ; et savent ajouter à ce qui plairait seulement à la petite vanité de leur fille, ce qui est de nature à fortifier sa raison, à développer ses connaissances et à former son caractère.

Ils comprennent que le travail intellectuel :

*élève l'âme* par les connaissances qu'il lui procure, lui donne un fond d'idées religieuses qui la soutient dans ses peines, l'anime dans ses luttes, la porte au bien avec énergie ;

*rend l'âme* capable d'un dévouement plus constant et donne à l'esprit plus d'à-propos, plus de vue, plus de calme et de sérénité dans les affaires ;

*préserve l'âme* contre l'influence des *idées* mauvaises qui l'assaillent malgré elle, et des *exemples* qu'elle voit autour d'elle.

Ils comprennent qu'une jeune âme qui ne s'applique pas *au travail intellectuel* peut résister quelque temps au courant de la légèreté, de la futilité, de la dissipation qui compose l'atmosphère du monde, mais qu'elle finit insensiblement par se laisser entraîner.

Voilà pourquoi ils s'appliquent à lui donner l'amour de l'étude ; et lui procurent, pour l'encourager et pour l'exciter, de beaux et de bons livres.

2. Nos indications assez nombreuses ne renferment qu'un petit nombre de livres pouvant former la base d'une bibliothèque de jeune fille studieuse. — A vos parents de faire le choix.

Voici le titre de deux ouvrages utiles pour guider dans ce choix, pour modifier ou compléter une bibliothèque.

*La lecture et le choix des livres* par l'abbé *Vergniolles.*

Excellent recueil très *méthodique* dans l'indication des ouvrages — très *judicieux* surtout dans les appréciations qu'il donne. *Votre livre,* écrivait à l'auteur un Supérieur de maison d'éducation, *est un guide sûr et éclairé pour celui qui désire s'instruire sans s'exposer, et cultiver son intelligence sans compromettre ni sa foi ni son cœur.*

*Plan d'études et de lectures* par *le P. Boylesve.*

### 1. *Livres de piété et de doctrine religieuse*

Avant tous les autres, les livres *de piété* et de *doctrine religieuse* dont on se servait au pensionnat. Il faut les *conserver* comme des souvenirs, les *aimer* comme des guides qui continuent leur mission, les *consulter* comme les plus utiles.

*Le livre de piété de la jeune fille.*

Le *saint Evangile,* qu'on n'aime pas assez, qu'on ne lit pas assez et dont la lecture entourerait l'âme de tant de paix et de tant de force.

*L'Imitation de Jésus-Christ.*

*La pratique de l'amour de Jésus-Christ,* par S. Liguori.

*Jésus adolescent modèle de l'adolescence.*

*La journée de la jeune fille,* par M^me Bourdon.

*Les méditations de la jeune fille,* par M^lle Monniot.

*L'Imitation méditée,* par l'abbé Herbet.

*Le Manrèze Salésien* — c'est un extrait bien classé des œuvres de S. François de Sales.

*Méditations sur l'Eucharistie*, par Mgr de la Bouillerie.

. *Méditations sur le S. Evangile*, par Bossuet.

*Elévations à Dieu*, par Bossuet.

*Tout pour Jésus*, par le P. Faber.

*Avis spirituels*, 3 vol. et les autres ouvrages du même auteur.

*Vie de Notre-Seigneur Jésus-Christ*, par Mgr Dupanloup ou par L. Veuillot.

*La femme pieuse* et *la femme forte*, par Mgr Landriot.

*Conférences aux dames du monde*, par le même.

*Une vie des Saints*.

*Après le catéchisme*, 2 vol. — le second volume est une *apologétique chrétienne*.

*Sommaire de la doctrine catholique*.

*Conférences* de Frayssinous.

*Le Christianisme*, par Mgr Bougaud.

*La Douleur — Jésus-Christ*, extrait du livre de Mgr Bougaud.

*Les Conférences* du P. Lacordaire.

*Les Conférences* du P. Félix — du P. Monsabré.

*Les œuvres* de Mgr Pie.

*L'art de croire*, par Auguste Nicolas.

*Etudes sur le Christianisme*, par le même.

*Etude complète du Christianisme*, par l'abbé Doublet et *Conférences aux Dames du Monde*.

*Lettres du P. Lacordaire* — de l'abbé Pereyve.

Les *meilleurs écrivains apologistes de la foi chrétienne*, par Mazuel, excellent recueil.

Quelques-uns des volumes d'une excellente publication sous le titre de : *Bibliothèque de piété des gens du monde*, renfermant :

Bourdaloue : *Morale chrétienne*, préface du P. Félix.

Bossuet : *Conseils de piété*, préface de Alfred Nettement.

S. François de Sales : *La vie parfaite*, préface de Mgr Mermillod.

Sainte Thérèse : *La prière*, préface de Mgr Landret.

Fénelon : *Direction spirituelle*, préface de Mgr Dupanloup.

S. Bernard : *Pensées et méditations*,

S. Jérôme : *Avis et instructions*, préface de Mgr de la Tour-d'Auvergne,

S. Jean Chrysostôme : *Enseignement pratique de l'Evangile*, préface de Mgr Mermillod,

S. Augustin : *Préceptes et Maximes*, préface de Poujoulat.

### 2. *Livres d'études*

Avant tout, nous indiquerons — plus encore pour les parents que pour les jeunes filles :

Un *Dictionnaire historique et géographique*, un peu complet — c'est un répertoire précieux qui, toujours à la portée de la main, donne rapidement l'indication, historique, géographique ou littéraire dont on a besoin.

Il en est deux dont on peut se servir : celui de *Bouillet*, édition corrigée — ou celui de *Désobry*, édition refondue et actualisée.

*Le Dictionnaire universel de la pensée* par l'abbé Elie Blanc. C'est une véritable encyclopédie chrétienne, élémentaire sans doute, mais bien suffisante pour donner, sur toutes choses, des idées toujours justes et toujours vraies.

## I

### Histoire et Littérature

Conservez vos *manuels* étudiés au Pensionnat ; ils vous serviront de *guides* pour les études plus développées, si vous avez le goût et le loisir de les faire.

Avec les indications qu'ils vous donnent, vous trouverez facilement, dans des ouvrages plus complets, le *siècle*, le *fait*, le *personnage*, les *ouvrages* que vous voudrez connaître ; et leurs appréciations, ordinairement *très justes* parce que elles sont faites à la lumière de la foi, vous serviront de base pour redresser des jugements trop souvent portés d'après des vues simplement humaines.

Nous n'indiquons pas les grands ouvrages difficiles à se procurer et qui ne sont pas à l'usage des jeunes filles, quoique excellents, comme

*L'histoire de l'Eglise de Rorbacher* ou *de Darras*, 40 à 50 volumes,

*L'histoire universelle de César Cantu*, 20 volumes.

Voici le titre de quelques livres *d'histoire et de littérature*, quelques-uns seulement ; une nomenclature un peu complète est difficile à faire et, pour le moment, moins utile.

Bossuet : *Discours sur l'histoire universelle.*
Darras : *Histoire de l'Eglise*, 4 volumes.
Les abrégés d'histoire, étudiés en classe.
Gabourd ou Laurentie : *Histoire de France.*

En général, nos histoires classiques sont bien rédigées et peuvent suffire. Conserver surtout les *histoires contemporaines.*

Chantrel : *Histoire universelle.*
Nettement : *Histoire de la Restauration.*
Poujoulat : *Histoire de la Révolution.*
Bouniol : *La France héroïque.*
Barthélémy : *Erreurs et mensonges historiques.*
Nisard — Godefroy : *Histoire de la littérature française.*
Nettement : *Histoire de la littérature sous la Restauration et sous Louis Philippe.*

Léon Gautier : *Portraits littéraires*.
P. Longhaye : *Le XVII^e et le XIX^e siècles*.
Quelques recueils de morceaux choisis.

A ces livres, ajoutez un choix de ceux qu' ''
appelle *classiques*, renfermant les chefs-d'œ·
littéraires des différentes nations. Nous recomman-
derions volontiers la collection publiée sous la direction de *Emile Faguet*, si l'esprit, trop souvent, ne
laissait à désirer.

Même observation — et plus accentuée — pour la
collection éditée chez *Colin* et portant le titre général de *Pages choisies des grands écrivains*.

Sous une bonne direction, ces ouvrages peuvent
être utiles.

Indiquons encore quelques-unes de ces *biogra-*
*phies* ou *vies particulières*, dans lesquelles l'auteur
étudie l'influence de celui dont il raconte la vie sur
son siècle et l'influence de son siècle sur lui :

Audin : *Histoire de Luther, Calvin, Henri VIII,*
*Léon X*.

De Montalembert : *Histoire de sainte Elisabeth*.

Mgr Bougaud : *Vie de sainte Chantal, de sainte*
*Monique*.

Mgr Lagrange : *Vie de sainte Paule, de Mgr Dupan-*
*loup*.

L'abbé Hamon : *Vie de saint François de Sales*.

Baunard : *Vie de Sonis, de Mgr Pie, de Mme Barrat.*

De Falloux et Chocarne : *Vie du P. Lacordaire.*

P. Pontlevoy : *Vie du P. de Ravignan.*

De Beauchêne : *Histoire de Louis XVII.*

De Falloux : *Louis XVI, Mme Elisabeth, S. Pie V.*

Mme Swetchine : *Sa vie et ses œuvres.*

Quelques-unes des vies de Saints qui, sous ce titre général *les Saints*, publiées par la Maison *Lecoffre*, offrent un intérêt tout particulier.

La collection des *Contemporains*, éditée par *La Croix.*

Les *Illustrations* du XIX<sup>e</sup> siècle, chez *Bloud.*

## 2

### Philosophie

Drioux : *Morale pratique.* — Didiot : *Principes de morale catholique.*

Cours de philosophie, édité par Mame, excellent ouvrage.

Balmès : *Art d'arriver au vrai.*

Gratry : *Les Sources.*

Bossuet : *Logique.* — *Connaissance de Dieu et de soi-même.*

De Maistre : *Soirées de Saint-Pétersbourg.* — *Pages choisies.*

De Margerie : *La Famille.*

Baunard : *Le Doute et ses victimes.* — *La Foi et ses victoires.*

Ollé-Laprune : *Le prix de la vie.*

Joubert : *Pensées.*

Dugard : *La Culture morale.*

M^{me} Raymond : *Les grands et les petits devoirs.*

### 3

#### Vie pratique

Dupanloup : *Lettres sur l'éducation des filles.* — *Conférences aux femmes chrétiennes.*

Bautain : *La Chrétienne de nos jours.*

Victor Rochet : *La femme raisonnable et chrétienne.*

Maryan : *Le Féminisme dans tous les temps.*

Sage : *La Science et les Travaux de la ménagère.*

*La Science du ménage,* un de vos livres classiques.

Staff : *La Femme dans la famille.*

*La Jeune Fille à l'école de Jeanne d'Arc.*

*Économie domestique,* par Wirth et par Chalamel.

*Enseignement des travaux du ménage,* par Schefer.

*Le livre des gardes-malades.*

*Trésor de la vie pratique,* petite encyclopédie du ménage.

*Les Jeudis du Pensionnat.*

## 4
### Livres de Récréation

Peu d'indications pour ces livres dont la jeunesse est si avide.

Il est des auteurs dont le nom ne doit jamais se montrer dans une bibliothèque chrétienne et qu'on vous a signalés pendant la dernière année de votre pensionnat. — Soyez dociles aux avis qu'on vous a donnés et ne vous croyez pas tout permis parce que vous n'êtes plus sous la surveillance de vos maîtresses; vous êtes toujours sous *la surveillance de Dieu.*

Les catalogues édités chaque année par l'*Alliance des Maisons d'Education chrétienne* vous indiqueront les livres que vous pourrez vous procurer sans danger.

Relisez ce que nous avons dit en parlant des lectures : *Champ de la Fantaisie.*

*

Nous vous l'avons dit, en transcrivant cette liste de livres, liste *incomplète* quoique *longue*, mais permettant à des amis expérimentés de faire *pour vous* le choix qui leur semblera le plus approprié à *votre état d'âme, à la tournure de votre esprit, aux connaissances déjà acquises* et surtout *au but que vous*

*vous proposez ou que, pour vous, se propose votre famille,*

Nous vous l'avons dit :

N'ayez pas des livres pour avoir des livres.

Pas de ces livres à reliure tapageuse qui dorment en paix dans vos rayons, n'étant là que pour étaler un extérieur étincelant de dorures.

Pas de ces livres à la mode qu'achète la vanité et quelquefois la sensualité, et qu'on ne possède que pour faire dire qu'on est *au courant de tout*.

Ayez des livres *pour les lire*.

Soyez heureuses, certes, de posséder quelques-uns de ces beaux volumes *illustrés* qu'on peut se procurer si facilement aujourd'hui et qui ornent si bien un salon :

La *Sainte Bible*, avec un choix des dessins de Gustave Doré.

La *Vie de Jésus-Christ*, par Veuillot.

La *Vie de la Sainte Vierge*, par M. Maynard.

La *Chevalerie*, par Léon Gautier.

La *Terre Sainte*, par Paul Guérin.

La *Vie des Saints*, avec illustrations de Yan d'Argent.

Les *Albums géographiques — historiques* surtout, édités par Colin, nombreuses et magnifiques gravures.

Mais ayez surtout quelques livres intimes qui vous conseillent, vous apaisent, vous éclairent, vous dirigent.

### IV. LES ARTS D'AGRÉMENTS

1. Vous avez, pendant de longues années, au pensionnat, étudié ce qu'on appelle *les arts d'agréments* : *la musique, le dessin* — parce qu'ils ont pour but de jeter un *peu d'agrément* dans le sérieux de la vie.

Ne laissez pas dans l'abandon, ces talents que vous avez acquis, et servez-vous en surtout pour donner un peu de joie à votre famille.

Soyez l'*âme* de ces soirées qui ne sont nulle part aussi belles, aussi attrayantes, aussi pures que dans la famille.

Soyez l'*âme* de ces fêtes qu'il faut rendre, aussi fréquentes que possible : fête du père, fête de la mère, fête de chacun des enfants... anniversaires de la naissance, de la première communion.

Oh ! dit le P. Lacordaire quel est l'enfant, l'adolescent, l'homme fait qui ne sente pas qu'il y a plus de contentement, plus de vraie joie dans un quart d'heure passé à côté du père, de la mère, des frères, des sœurs, qu'il n'y en a dans tous les évènements du monde !

Et ce contentement, cette joie, c'est vous, jeune fille, qui les produisez, qui les alimentez, qui savez toujours les rajeunir : *lecture, chansonnette, mélodie, drame, conte pour rire, surprise, récits, scènes burlesques, compliments...* tout devient attrayant arrangé par vous, et préparé par vous.

En dehors de la famille et devant des étrangers, soyez *simple* dès que vous est faite par votre mère ou par vos amies, l'invitation de vous mettre *au piano* ou de faire entendre une *mélodie*. On ne vous ferait pas cette demande si on ne vous sentait pas capable ; et c'est de mauvais goût que se faire prier avec instance.

2. Laissez-nous aborder un sujet plus grave et que nous ne pouvons qu'effleurer ici.

Si vous sentez en vous quelques dispositions particulières, si vos parents vous y engagent, si des amis dévoués, sérieux, encouragent vos efforts, continuez sous des maîtres choisis, les *études artistiques* commencées au Pensionnat et qui développent le sentiment du beau, l'amour du beau, la recherche du beau.

Ces études demandent une direction élevée, ferme, continue, chrétienne avant tout.

Le caractère distinctif des œuvres d'art est de traduire dans un langage vivant, accessible à tous, — par l'harmonie des sons, les lignes du dessin, le coloris de la peinture — les sentiments et les pensées qui remplissent l'âme, l'élèvent, la rapprochent de Dieu la beauté suprême.

L'artiste offre aux regards ou à l'oreille une image vivante *des émotions* qu'a éveillées en lui la nature, l'image d'un *Etre* qu'il voit en Lui, resplendissant d'une beauté, d'une grandeur, d'une vie qui n'est pas sur la terre et qu'il appelle son *idéal*.

Cette image reproduite répond à un besoin impérieux chez l'homme : le besoin d'exprimer ses pensées, ses sentiments, son idéal, de leur donner une force, une beauté, une vie qu'ils n'ont pas par eux-mêmes, de les communiquer ; et par là, de se procurer à lui-même et de procurer aux autres une jouissance intellectuelle qui dépasse toutes les jouissances des sens.

L'art a pour but de monter l'âme et de la maintenir à un niveau supérieur en toutes choses ; il la rapproche de Dieu ; il fait aimer le beau ; il le voit en Dieu ; il cherche à le reproduire, et par là, il adore, il loue, il fait aimer Dieu, l'auteur de tout bien et de toute beauté.

L'art élève ; il purifie ; il éloigne des trivialités et des bassesses, il porte aux sentiments généreux ; il rend meilleur ; il inspire la vertu.

3. Mais prenez garde ; facilement, dans le monde, on donne à ce mot si beau et si grand *d'artiste* un sens vulgaire qui le rapetisse et l'abaisse.

« Une multitude de gens, dit Mgr Dupanloup, fait du dessin, de la peinture, de l'aquarelle ; chacun veut avoir son *album ;* on va, en connaisseur, visiter les musées, les expositions ; on fait passer aux jeunes gens et aux jeunes personnes, dans les pensionnats, un temps considérable à apprendre *le chant, le piano ;* faire de la musique, c'est souvent l'occupation la plus sérieuse d'un salon.

« Avec tout cela, devient-on artiste ? Est-ce vraiment de l'art qu'on fait ? Non ; et pourquoi ? Parce qu'on n'a pas de l'art une idée ni assez juste, ni assez haute ; on le traite avec trop de légèreté ; on ne se place pas au point de vue élevé de l'art ; en un mot, on en fait par *pur amusement,* au lieu d'en faire aussi, et avant tout, *une culture de l'âme.*

« L'art n'est point une chose frivole ; sa mission n'est pas seulement *de plaire ;* il a une portée plus haute ; et fidèle à sa mission vraie, il peut avoir une influence réelle et profonde dans la vie sociale comme dans la vie privée, sur les peuples comme sur les individus. »

4. A moins d'un talent et d'une aptitude bien prononcés, ne faites des arts d'agréments qu'un utile et joyeux passe-temps et non une occupation absorbante. Ce *passe-temps* a son charme et son utilité : La musique délasse l'esprit, prévient l'ennui, dissipe l'humeur sombre, inspire la joie, éveille des sentiments agréables.

Le *dessin* et la *musique* peuvent devenir encore *une ressource pour les besoins matériels*, cultivez-les dans ce but si vous le voyez nécessaire.

La jeune fille, artiste dans le sens vulgaire du mot, celle dont les doigts délicats s'appliquent tout le jour, à tirer d'un piano *une pluie de notes et de perles*, mais sont incapables de coudre *un ourlet* ; la jeune fille dont l'intelligence, sans cesse appliquée à la contemplation et à l'imitation des beautés de la nature, ignorant la beauté du devoir ;  la jeune fille, ainsi absorbée par *un instrument* ou par *un pinceau* — est non seulement *une femme inutile* malgré ses talents, mais une femme dont la vertu aussi vague que la vie, n'offre *à un mari* ni sécurité, ni bonheur — *à la famille* ni amour, ni sacrifice — *à la société* ni édification, ni secours — *à la religion* ni dévouement, ni soumission.

III. LA VIE INTIME DE LA JEUNE FILLE EST UNE VIE DE PERFECTIONNEMENT

I

### Ce qu'est le perfectionnement de la vie

1. Le perfectionnement de la vie consiste en une suite d'actes par lesquels nous tendons à rendre,
Notre *âme* plus unie à Dieu,

Notre *cœur* plus dévoué et plus généreux,

Notre *intelligence* plus développée et plus active dans la recherche de la vérité,

Notre *volonté* plus forte dans l'accomplissement du devoir.

Nous vous avons indiqué, dans la *Vie au Pensionnat*, les moyens à prendre pour arriver — en partie du moins — à cette perfection si désirée et qui, vous le sentez, peut seule vous permettre de remplir votre mission.

2

### Marie modèle du perfectionnement de la vie

La voici en œuvre, dans la vie de *la très sainte Vierge* que nous a tracée Saint-Ambroise, s'adressant à des vierges chrétiennes à qui il disait, comme nous vous le disons :

Ce que Marie *était*, vous pouvez l'être,

Ce que Marie *a fait*, vous pouvez le faire,

Ce que Marie *aimait*, vous pouvez l'aimer.

Dieu était avec elle, Il sera avec vous,

Dieu agissait par elle, Il agira par vous.

Ah ! Sans doute, vous resterez loin de votre modèle, mais comme Marie bénira les efforts que vous ferez pour lui ressembler !

Rien d'extraordinaire dans cette vie de Marie enfant, de Marie adolescente, de Marie se préparant, elle aussi, doucement et simplement, à  la mission à laquelle Dieu la destinait, et que, pas plus que vous, elle ne connaissait.

RÉSUMÉ DE LA VIE DE MARIE, D'APRÈS SAINT AMBROISE

I

*Marie était*

Sage de cœur et d'esprit,
Humble de cœur,
Grave, sobre, aimable dans ses paroles,
Prudente en ses conseils,
Appliquée au travail,
Amie des saintes lectures.

II

*Marie jamais*

n'a
Offensé ses parents,
Méprisé les petits,
Raillé les faibles,
Repoussé les pauvres,
Envié le sort des autres.

### III

*Marie jamais n'eut rien de répréhensible*

Dans sa démarche,
Dans ses regards,
Dans ses entretiens,
Dans ses actions,
Dans sa mise extérieure.

### IV

*Marie avait pour règle de conduite*

De plaire à Dieu en toutes choses et d'accepter en tout la volonté de Dieu,

De ne faire jamais volontairement de la peine à personne,

De faire du bien à tous, même en se privant,

D'aimer la solitude, mais sans affectation.

### I

**Marie adolescente était pure de cœur et d'esprit.
Vous aussi soyez pure, avec l'aide de Marie**

1. La pureté, c'est l'état d'une âme, d'un cœur, d'un esprit sur lequel l'œil de Dieu se repose avec complaisance, comme l'œil d'une mère se repose sur

le gracieux visage de son petit enfant que rien — pas même la plus légère poussière — n'est venu ternir.

C'est l'état d'une âme, d'un cœur, d'un esprit dans lequel Dieu, se penchant avec amour, reconnaît, comme dans un miroir, son image divine.

C'est l'état d'une âme, d'un cœur, d'un esprit qui rend heureux l'ange à qui Dieu les a confiés et à qui cet ange prodigue son affectueux dévouement.

Cette *âme pure* sentira la présence aimée de Dieu comme l'enfant sent la présence de sa mère ; et elle vivra rassurée, contente, sous cette maternelle protection qui ne faiblira jamais.

Cet *esprit pur* verra Dieu, la beauté de Dieu, la bonté de Dieu, la perfection de Dieu ; et il éprouvera à cette vue une joie à laquelle rien sur la terre ne peut être comparé — et les choses de la terre lui apparaîtront sous un jour qui lui en révèlera toute la vérité.

Ce *cœur pur* aimera Dieu d'une affection douce, paisible, mais continue, mais forte qui le maintiendra lui-même dans un dévouement perpétuel pour Dieu et pour ceux qui l'entourent.

Et Dieu habitera dans cette âme, dans ce cœur, dans cet esprit, et se communiquant au corps qui les enveloppe, il manifestera au dehors sa bonté, sa miséricorde, sa puissance, sa charité.

C'est bien là ce qu'était l'âme de Marie : *la demeure aimée de Dieu*.

Oh ! qu'il était beau, qu'il était bon et dévoué le cœur de Marie ! une seule pensée le remplissait tout entier : *faire plaisir à Dieu*.

Qu'il était éclairé, miséricordieux dans ses jugements, sage dans ses conseils, puissant dans ses œuvres, l'esprit de Marie !

2. Et vous, enfant de Marie, quand après une absolution qui vous a purifiée, vous avez reçu en vous la sainte communion, n'est-ce pas aussi *votre état ?*

Gardez *la grâce* que Jésus-Christ a laissée en vous, comme le feu, en disparaissant, laisse sa chaleur ; et, par cette grâce, *gardez votre pureté !*

L'absolution *a ôté vos fautes*, mais elle n'a pas détruit vos penchants mauvais.

La Sainte Communion *a affaibli ces penchants*, mais ils restent encore en vous avec *ce germe* puissant que leur a communiqué le péché originel.

La vie et la force de ces penchants mauvais sont alimentées — Au dehors :

par des *images sensuelles* qui, presque à tous les pas, se présentent à vos regards,

par des *lectures* qui semblent insignifiantes mais affaiblissent et amollissent votre volonté, par des *paroles* sans retenue qui de partout viennent jusqu'à vous,

par des *fêtes profanes* auxquelles votre position ou vos relations vous obligent d'assister et auxquelles vous vous livrez avec toute l'ardeur de votre jeunesse.

Ces penchants mauvais sont alimentés. Au dedans :
Par l'orgueil qui vous fait murmurer tout bas :

> Pourquoi ne saurais-je pas ce que tout le monde sait ?
>
> Pourquoi ne ferais-je pas ce que tout le monde fait ?
>
> Pourquoi n'irais-je pas où tout le monde va ?

Par la *curiosité* qui vous dit tout bas :

> C'est si beau de savoir !
>
> C'est si attrayant de voir !

Par la *sensualité* qui se plaint et murmure :

> C'est triste de toujours se priver !
>
> C'est dur de toujours résister !

Voilà, comment on peut cesser d'être pur.

Voilà comment, en rougissant, et en pleurant on répète douloureusement ces paroles d'un pauvre cœur trompé :

> Je ne suis plus un ange, et mon oreille, hélas !
> Connaît des mots qu'hier elle ne savait pas.
> De méchants compagnons ont osé me les dire ;
> Je rougissais d'abord, j'ai fini par sourire.

Ne sentez-vous pas le besoin *de vous rapprocher de Marie,* comme l'enfant qui a peur, se rapproche de sa mère ?

*D'appeler Marie,* comme l'enfant, sur le point de tomber, appelle sa mère ?

Oui, que cet appel à Marie, que ce recours à Marie que cette union à Marie devienne pour vous un besoin impérieux.

Avec Elle, près d'Elle, par Elle, vous resterez toujours pure.


3. Mais précautionnez-vous ! Qu'elles soient, ces précautions, énergiques, constantes surtout. Nous vous les rappelons seulement ici :

La *prière,* régulière, humble, accentuée.

La *confession,* fréquente, résolue, toujours au même confesseur, autant que possible.

La *sainte communion,* fréquente aussi, confiante, préparée surtout par l'accomplissement du devoir.

La *dévotion à la Sainte Vierge* priée tous les jours par la récitation d'au moins une dizaine de chapelet et de la prière *Souvenez-vous.*

Un dernier mot : Une âme ne peut être pure *toute seule ;* il lui faut un soutien : c'est *le prêtre.*

**2**

### Marie adolescente était humble.
### Vous aussi soyez humble, avec l'aide de Marie

Marie était *humble*, c'est-à-dire comprenant simplement, mais complètement, mais affectueusement, ce que Dieu avait fait en elle.

Elle le voyait, elle l'appréciait, et elle disait : *Elles sont grandes, bien grandes les choses que Dieu a mises en moi.*

*J'étais petite, pauvre, dénuée et voilà que sa bonté miséricordieuse a rempli mon âme de sa sagesse, mon esprit de ses lumières, mon cœur de son dévouement.*

*Oh ! qu'il est bon et que je le remercie !*

Et au fond de son âme, Marie ajoutait :

*Mon Dieu ! que je me serve de tout ce que vous m'avez donné pour vous faire connaître et vous faire aimer !*

Et tout ce qu'elle faisait, et tout ce qu'elle disait, avait pour but de procurer la gloire de Dieu et de rapprocher les âmes de Dieu.

2. La voilà, l'humilité que vous *devez* avoir, et disons-le simplement celle que vous *pouvez* avoir,

parce que être humble, c'est, avant tout, *avoir du bon sens* et voir *ce qui est.*

Soyez *contente* de ce que Dieu vous a donné ; *aimez, embellissez* ce que Dieu vous a donné : dons de l'âme, dons de l'intelligence, dons du cœur, dons extérieurs ; mais remerciez-en le bon Dieu, appréciez la bonté de Dieu pour vous, servez-vous de tout pour faire aimer Dieu.

Comme Marie et avec Marie, soyez à l'égard de tous, la *servante de Dieu.*

Que de choses renfermées dans cette parole ! Certes, ne la prononcez pas au dehors, mais qu'elle brille au dedans de vous, pour vous servir de guide et d'inspiratrice dans vos rapports avec vos parents, avec vos frères, avec vos amis, avec tous ceux qui s'approcheront de vous.

La vanité, ma pauvre enfant, est chose si petite, si futile, si ridicule, si encombrante, si destructive de tout ce que le cœur a de bon !

**3**

**Marie adolescente parlait peu.**
**Vous aussi soyez sobre dans vos paroles, avec l'aide de Marie**

1. *Peu parler* est marque de sagesse.

« *J'approuve le peu parler,* disait l'aimable saint François de Sales, *pourvu que le peu que vous parlerez se fasse gracieusement et charitablement, et non pas mélancoliquement et artificieusement.*

*Oui, parlez peu et bon,*
*peu et doux,*
*peu et simple,*
*peu et rond,*
*peu et aimable.* »

Le voilà *ce peu parler* de Marie qui doit être le vôtre.

Ce *parler* bon, doux, aimable, apportant dans toutes les réunions comme un gracieux rayon de soleil qui réjouit, une douce atmosphère qui met à l'aise, un parfum de fleur qui embaume.

C'est *ce parler* qui dans la famille répand la paix, fait naître la joie, donne la lumière. Oh! qu'il soit le vôtre, jeunes filles, comme il était celui de Marie!

Certes, Marie adolescente, Marie dans cette maison du Temple où elle passe sa jeunesse, auprès des compagnes avec qui elle vivait, auprès des femmes pieuses qui formaient sa famille et la dirigeaient, Marie, dans ses paroles, n'avait rien de léger, rien d'étourdi, rien d'irréfléchi, mais non plus, rien de raide, d'embarrassé, de gêné; sa parole restait toujours simple sans doute, mais enjouée, gracieuse, aimable... Marie était *chez elle.*

Autre la parole de la jeune fille dans une réunion d'étrangers et même de personnes connues, mais avec qui n'existe pas la douce familiarité de l'amitié, — autre la parole au milieu de ceux qu'elle nomme si volontiers *les siens*.

Avec les vôtres, soyez enjouée;

Avec les étrangers, soyez réservée;

Avec tous, parlez à propos — difficile conseil que, seule, l'habitude de la *prudence* dont nous allons parler, fait mettre en pratique.

Parler à propos, c'est :
>ne heurter personne,
>ne froisser personne,
>n'irriter personne,

alors même qu'on doit faire un reproche ou refuser ce qui est demandé.

2. Trop parler, c'est parler *sans réflexion*, manifestant les impressions qui subitement naissent dans l'âme en voyant une personne ou en entendant prononcer une parole.

C'est prononcer rapidement un mot d'approbation ou de désapprobation; dire d'une personne qu'on voit pour la première fois : *Elle me plaît; elle me déplaît.*

Trop parler, c'est surtout se laisser aller à ces défauts presque toujours graves, qu'on appelle *défauts de la langue* parce que, charitablement, on suppose qu'ils n'ont pas la volonté pour complice.

Langue *intempérante* qui parle toujours, parle de tout et à tout propos,

Langue *indiscrète* qui dit tout sans retenue et sans réflexion,

Langue *maligne* qui tourne tout en ridicule et cherche à faire rire de tout,

Langue *critique* qui trouve à redire à tout, poussée par l'orgueil et par la jalousie,

Langue *hypocrite* qui flatte et qui ment pour obtenir quelque chose,

Langue *médisante* qui dévoile tout ce qu'elle voit ou croit voir de défectueux dans la vie des autres,

Langue *calomniatrice*, la pire des langues, la plus coupable devant Dieu et devant les hommes et qui cause souvent des dommages irréparables.

3. Parler c'est dépenser ; écouter c'est acquérir. En parlant, *on donne* de soi-même ; or si l'on parle plus qu'on n'écoute on apprend peu et l'on s'appauvrit vite.

En écoutant, on augmente ses connaissances, on s'enrichit de l'esprit des autres, du fruit de leurs études, de leur expérience,

S'il est bon de parler, il est meilleur de se taire; et parler avec tact et mesure, c'est preuve d'un esprit réfléchi et d'un bon jugement.

4

**Marie adolescente était prudente.
Vous aussi soyez prudente, avec l'aide de Marie**

La prudence n'est ni la plus belle, ni la plus grande des vertus, mais elle est la *gardienne*, la *modératrice,* la *directrice* de toutes les vertus.

La prudence garde la pureté,

La prudence garde l'humilité,

La prudence garde la discrétion des paroles...

Elle est la vertu qui voit de loin et qui voit juste.

Elle voit ce qu'il faut faire, — comment il faut faire, — ce qui peut empêcher de bien faire, — ce qu'il faut mettre autour du cœur et autour des sens, comme une sentinelle vigilante, pour les protéger.

Oh! comme Marie la possédait cette vertu et comme c'est à juste titre que l'Eglise l'appelle *Vierge très prudente.* Il n'a rien de trop, dit ingénieusement un auteur, *ce superlatif* en matière de prudence.

C'est presque toujours par une imprudence que commencent les grandes fautes, et il est si facile d'être imprudent.

Pour rester prudente, il ne faut être ni frivole, ni légère; il ne faut ni caprice ni impétuosité.

Pour rester prudente, il faut demeurer maîtresse de soi-même; il faut savoir se renoncer, se vaincre, se commander en toutes choses.

La prudence s'étend sur les regards, sur les lectures, sur les pensées, sur les amitiés, sur les paroles, sur la toilette...

La prudence rend parfois peut-être *un peu craintive;* est-ce un défaut? Non. La crainte d'offenser Dieu n'est-elle pas le commencement de la sagesse ?

La prudence a pour auxiliaire :

Le *discernement* qu'on peut appeler *l'œil de l'âme* et qui cherche *à voir* avant d'agir.

La *docilité* qui demande conseil, quand il y a le moindre doute.

La *prévoyance* qui se précautionne.

La *sollicitude* qui, sans troubles, n'agit jamais sans se rendre compte de ce qu'elle fait.

O enfants de Marie, invoquez votre mère, pour que son souvenir soit toujours avec vous !

5

**Marie adolescénte était appliquée au travail.
Vous aussi, soyez laborieuse, avec l'aide de Marie**

1. Marie dans le Temple s'appliquait au travail des mains. *Elle filait la quenouille et travaillait à l'aiguille*, dit saint Bonaventure.

Nous savons, par l'histoire, qu'une des attributions des jeunes filles élevées dans le Temple à Jérusalem, était de confectionner de leurs mains les objets servant au culte divin ; elles tissaient les étoffes de grand prix qui étaient ensuite recouvertes de riches broderies de soie et d'or ; et cette gracieuse statue de *mère admirable* nous représentant Marie assise, tenant un fuseau à la main, tandis que près d'elle est une corbeille remplie de l'ouvrage qu'elle a confectionné, n'est que la mise en scène des longues heures de la journée de la Sainte Vierge.

Plus tard, à Nazareth, où elle vivait avec Jésus enfant et avec saint Joseph, elle travaillait. Ecoutez ce que Fénelon avait recueilli des anciens Pères :

« Tantôt Marie portait des fardeaux proportionnés à ses forces ; tantôt, de ses mains pures, elle cultivait le petit coin de terre qui avoisinait son humble demeure ; tantôt, elle faisait les vêtements de la famille, selon la coutume des femmes juives ; tantôt elle allait puiser de l'eau à l'exemple des plus illustres femmes des patriarches; tantôt elle apprêtait les repas que devaient prendre saint Joseph et le divin Enfant. »

Ils ne sont jamais petits et déshonorants, les travaux matériels qui servent au bien-être de la famille; il n'est jamais malséant dans la main d'une femme, quelque riche qu'elle soit, *le balai* qui entretient la propreté dans la maison, et surtout dans sa chambre à elle, et le travail qui apporte un peu d'ordre dans la chambre du pauvre.

Toutes les femmes, arrivées au déclin de la vie, devraient pouvoir faire, en termes émus et reconnaissants, *l'éloge de leur aiguille*, comme le fait si bien M^me Juranville :

« O mon aiguille, ô ma précieuse servante, ma fidèle compagne, mon aide, mon instrument intelligent et docile, à quel labeur t'es-tu jamais refusé pour moi ?

Je regarde ce qui me couvre, ce qui me pare, ce qui décore ma chambre; la robe que je porte, la batiste brodée de mon mouchoir, le tabouret où mes pieds reposent, les blancs rideaux de mousseline qui tempèrent le jour du dehors... Mon aiguille, tu as contribué à toutes ces nécessités et à tous ces conforts. Tu m'as prêté ton secours pour confectionner le grossier vêtement du pauvre, tu t'es appliquée au manteau de satin rose dont ma petite fille revêt sa poupée avec tant d'orgueil.

*Amie de la causerie intime*, dis-moi, depuis que mes doigts inhabiles essayèrent de te faire glisser dans le morceau d'étoffe que m'abandonnait ma mère, jusqu'à cette heure où, presque enraidis, ils ne savent plus te manier avec adresse et diligence, ensemble que n'avons-nous pas fait! ensemble que n'avons-nous pas écouté et vu, moi, la tête baissée sur ta marche régulière, te poussant toujours, et toi devinant peut-être à l'attachement de ma main, ce qui m'agitait le cœur.

*Discret témoin* de tant d'entretiens dont le souvenir m'est demeuré cher, de tant de lectures faites au coin du feu par une voix amie, de tant de conseils donnés et reçus, d'heureux sourires et de larmes qui sont parfois tombées jusque sur ton acier brillant, tu es plus encore, mon aiguille! tu es *une arme*, oui, vraiment, une arme bienfaisante : par toi l'on a du pain pour ses enfants, par toi surtout on conjure et l'on chasse les mauvaises pensées.

*Soutien du pauvre, refuge du riche* contre l'oisiveté, *ingénieux talisman* entre les mains de quiconque cherche à repousser le mal, ah! lorsqu'on te tire avec une active persévérance, comme la tête se calme, comme l'esprit devient accessible aux idées saines et bonnes!

As-tu conscience, mon aiguille, de tous les bienfaits que ta présence rappelle? T'a-t-on raconté
toutes les misères que tu as secourues, les heures
solitaires que tu as remplies, les loisirs que tu as
charmés, les aumônes que tu as favorisées, les
désirs frivoles bannis sous ton influence?

Ah! si tu l'apprenais, quels mémoires tu pourrais
écrire! que d'histoires touchantes, utiles et morales
dont tu fus le secret agent!

Mais que peu ou beaucoup te vénèrent, qu'on
t'accorde plus ou moins d'estime, humble et grande
ouvrière, mon respect pour toi n'en saurait être
altéré. Oui, toi qui fais si peu de bruit, si peu
d'éclat et tant de bien, reçois mon hommage de
femme et d'amie, ma modeste aiguille! »

Une femme du monde entrant à l'improviste dans
le salon d'une de ses amies intimes qu'elle vit
entourée de *layettes*, de *mouchoirs ourlés*, d'un grand
nombre d'ouvrages de couture, lui demanda en
souriant quel était son secret pour faire tant de
choses.

— Mon secret, dit-elle, il est bien simple. Je me
lève de bonne heure et je me couche tard; puis j'ai
pris l'habitude de ne pas perdre une minute et de
me mettre à l'œuvre, dès que j'arrive d'une course.
De plus, pour gagner du temps, quand je suis
dehors, je continue mes prières tout en marchant et

je dis mon chapelet. Double profit : j'évite une foule de distractions inutiles et de désirs qui me tourmenteraient peut-être, et... je reste unie au bon Dieu, c'est tout !

2. A ce travail matériel Marie ajoutait le *travail intellectuel*, la lecture réfléchie et aimée de la *Bible* dans laquelle elle avait lu ce commandement du Seigneur :

. *Tu prendras le livre de la loi et tu le mettras sous tes yeux; tu le méditeras le jour et la nuit; il sera une lampe qui éclairera tes pas.*

Nous vous avons parlé de l'*étude en général*, et de l'obligation pour vous de ne pas laisser *votre esprit* comme une terre sans culture, nous vous demandons de ne pas laisser *votre âme* sans lui donner ce qui la fait vivre dans la joie et dans la sérénité : *Quelques pensées pieuses* qui seront pour elle *la rosée* dont elle a besoin.

Comme Marie lisant la Bible, aimez à lire ce livre divin, écrit spécialement pour nous, disciples et frères de Jésus-Christ : le *Saint Evangile*, où vous trouverez toujours avec les *conseils* qui dirigent, *la force* qui soutient et *la grâce* qui aide à travailler, à souffrir, à se dévouer.

O doux enseignements de Jésus, qu'il fait bon vous entendre ! O saintes paroles sorties du cœur de

Jésus, et dites, ce me semble, spécialement pour moi qui les lis, que vous m'êtes bonnes !

Vous me soutenez dans mes faiblesses, vous me relevez dans mes chutes, vous m'éclairez dans mes doutes.

Pages bénies du Saint Evangile que m'a conservées l'Eglise, vous n'offrez pas à mes regards de *simples signes* me faisant connaître une pensée, vous êtes une voix qui me parle, qui me pénètre, qui met en moi, par chacune de ses syllabes, *un germe vivant.*

« Dans tous les mots de l'Evangile avec lesquels j'ai vécu, dit Coppée, j'ai vu briller la vérité comme une étoile, je l'ai sentie palpiter comme un cœur.

Ce livre m'a révélé l'*inconnaissable Dieu !* je l'ai vu *Père, mon Père ;* je puis, dès ce moment, lui parler avec abandon et il m'écoute avec tendresse.

La parole de l'humble artisan de Nazareth comprise par moi en des heures cruelles ont, après dix-huit siècles, cette prodigieuse vertu de faire aimer la souffrance,

J'accueille aujourd'hui la vieillesse avec fermeté et avec joie, et, si je n'appelle pas les douleurs de la mort, je ne les crains plus, *ayant appris, dans l'Evangile, l'art de souffrir et l'art de mourir.* »

## 6

### Marie adolescente était bonne.
### Vous aussi, soyez bonne avec l'aide de Marie

Nous résumons par cette parole *Marie bonne*, les vertus de la Sainte Vierge que S. Ambroise propose à notre imitation, dans nos rapports de famille et d'amitié.

Marie *ne blessait* jamais personne. — Blesser, c'est peut-être ne faire qu'une légère *égratignure*, mais c'est toujours faire de la peine ; et le bon S. François de Sales, dans son pittoresque langage, disait *ni piquer, ni mordre, ni découper ; un coup d'épingle*, ajoutait-il, *fait toujours un trou.*

Marie était *prévenante* envers ses égales et ne portait envie à aucune d'elles.

Marie était *pleine de déférence* pour ceux qui lui étaient supérieurs par l'âge ou par l'autorité.

Marie *voulait du bien* à tous ; à tous faisait du bien selon son pouvoir ; en tous, elle cherchait ce qu'il y avait de bien.

Marie jamais, *n'offensa* ses parents, même par un regard irrespectueux.

Marie jamais, n'eut le *moindre dissentiment* avec les siens. Il est si bon, pour ces mille petits accidents de la vie, de laisser croire aux autres qu'ils ont raison.

Marie jamais *ne dédaigna* les petits, ni ne méprisa les faibles ; jamais elle n'évita la rencontre des nécessiteux.

Marie n'avait rien de précipité, rien de désordonné, rien d'impatient, ni dans sa démarche, ni dans ses goûts, ni dans ses actes.

Marie avait le visage doux et posé, le sourire attrayant et pur, le ton de voix simple et harmonieux.

Marie, dans l'ensemble de son extérieur, reflétait la vivante image de son âme dans laquelle Dieu habitait ; et, par Marie, Dieu toujours se communiquait.

Oh ! qu'il est beau, qu'il est attrayant ce portrait de celle que j'appelle avec tant de bonheur : *Ma mère !*

Marie ! Marie ! quand donc pourrai-je devenir un peu comme vous ?

### 7

**Marie adolescente vivait avec Dieu.**
**Vous aussi vivez dans l'intimité de Dieu avec l'aide de Marie**

Marie vivait avec Dieu, voilà le secret
de sa pureté,
de son humilité,
de sa prudence,
de sa bonté.

Cette vie avec Dieu était de la part de Marie :

La vie d'un *enfant*
>> qui aime son père,
>> qui se plaît avec son père,
>> qui met son bonheur à faire plaisir à
>> son père.

La vie d'une *servante*
>> qui est heureuse de servir son bon maître,
>> qui est toujours prête à faire
>>> tout ce qui lui est commandé,
>>> tout ce qu'elle sait être utile ou agréable
>>> à son maître et à ceux qui aiment
>>> son maître.

La vie d'un *apôtre*
>> qui sent le besoin de faire connaître son
>> maître en parlant bien de lui, en le défen-
>> dant, en le faisant aimer.

La vie d'une *amie dévouée*
>> qui est complètement à la disposition de
>> celui qui, le premier, lui a donné le nom
>> d'amie,
>> consacrant à son service tout ce qu'elle
>> possède d'intelligence, de force, de santé,
>> de richesse, de savoir-faire ; n'ayant qu'un
>> désir : vivre pour Lui, se donner à Lui,
>> user toutes ses forces pour Lui.

Voilà bien, le cœur de Marie, les pensées de Marie, les désirs de Marie, les efforts de Marie.

O enfants, enfants qui êtes si heureuses et si fières de ce nom d'*Enfants de Marie*, ne sentez-vous pas en vous le désir de vous donner à Marie pour qu'elle vous apprenne à vivre comme elle avec Dieu ?

8

**Marie adolescente vivait dans le recueillement.
Vous aussi, vivez recueillie avec l'aide de Marie**

1. Vivre dans *le recueillement*, c'est d'abord se plaire dans sa chambre, et plus tard dans ce qu'on appelle vulgairement *son chez soi*. Voilà pourquoi, nous vous l'avons dit, rendez-là votre chambre, simple sans doute, mais resplendissante d'ordre, de bon goût, de tout ce qui est capable d'attirer votre cœur et de vous y retenir.

Que nulle part, vous ne soyez aussi bien, aussi à votre aise, aussi heureuse que dans votre chambre; que vous souffriez un peu, les jours où vous n'aurez pu y monter et n'y rester que le soir à l'heure du repos.

Nous vous avons déjà parlé de ce *petit sanctuaire*, laissez-nous encore vous recommander de le rendre attrayant en l'ornementant de tout ce qui peut l'embellir, vous y attirer, vous y retenir.

Il faut un peu de *poésie* dans l'arrangement d'une chambre. Et la poésie, c'est-à-dire *ce qui est beau*, ce qui fait sentir à l'âme quelque chose qui ressemble — mais plus élevé et plus délicat — à la sensation qu'éprouve le goût matériel en savourant des fruits, cette poésie il faut la faire pénétrer partout ; partout, c'est possible même dans la plus modeste demeure : un pot de fleurs sur une croisée, — une chansonnette sur les lèvres, — une gravure piquée au mur — quelques vers harmonieux et parlant d'espérance et de paix dans le souvenir, — un regard joyeux sur la campagne... Oh ! comme ces riens ajoutent un peu de bonheur à la monotonie de la vie !

2. Vivre *dans le recueillement*, c'est encore et surtout vivre et se plaire *en dedans de soi*.

Comme votre chambre, faites-le *ce dedans*, resplendissant, d'ordre, de bon goût, de pureté.

Ce dedans est *la demeure du bon Dieu*, et vous y retirer, c'est y trouver le bon Dieu, c'est vivre avec lui.

Ce dedans est aussi la demeure de vos *Souvenirs*, et s'ils sont gracieusement installés dans votre chambre, ils *sont vivants* dans votre âme, et ils sont pour vous, une douce et aimable compagnie.

3. Vivre *dans le recueillement*, c'est encore ne jamais séparer les uns des autres les *actes de piété*

c'est-à-dire la vue de Dieu, la pensée de Dieu, des *actes* de la vie ordinaire. C'est travailler, se récréer, faire toutes choses sous le regard de Dieu.

Au pensionnat, à la paroisse, dans l'intimité du confessionnal, le prêtre vous enseigne la religion, sa doctrine, sa morale — Il vous éclaire sur vos devoirs — Il aide votre faiblesse par ses encourageantes paroles — Il vous relève, et vous soutient encore de temps en temps, mais il ne peut vous suivre partout, dans votre maison, dans votre famille, dans votre cœur, dans votre conscience : Là, finit son sacerdoce ; là, commence le vôtre.

C'est vous qui devez vous dire : *Vois Dieu — Vis avec Dieu — Demande à Dieu — Attends tout de Dieu — Pour toutes choses : craintes, projets, peines, déceptions, douleurs physiques ou morales, va prendre conseil de Dieu.*

Voilà le recueillement ; voilà comment nous comprenons la vie intérieure de la très sainte Vierge.

Elle aimait sa petite chambre ; et sans se faire remarquer, sans laisser inachevé aucun des devoirs matériels, elle y entrait heureuse, elle y restait paisible, elle y travaillait unie à Dieu.

Elle aimait ces moments de douce solitude intérieure, qu'on peut toujours trouver même au milieu des occupations matérielles, et pendant lesquelles elle se sentait sous la protection et sous la direction paternelle de Dieu.

Elle aimait surtout ces heures de prières pendant lesquelles, humble, soumise, aimante, elle faisait provision, pour les dépenser au service des autres, de force et de dévouement.

Ah ! chères jeunes filles, donnez-vous *de bonnes heures de vie intérieure*, et ne soyez pas comme ces femmes dont on a dit :

« Leur maison tient à peine dans leur vie, la place qu'occupe une virgule dans la phrase d'un discours ; elles y passent, elles s'y agitent, mais ne s'y arrêtent pas. Rien ne serait amusant à raconter, s'il n'était pitoyable à constater, comme la distribution d'une journée chez une femme qui ne sait pas rester chez elle. »

## 9
### Derniers avis pour le perfectionnement de la vie

1. O mon enfant, vous ne serez jamais *sainte* — et il faut être sainte pour faire un peu de bien sur la terre et surtout pour aller au ciel — si vous n'aimez pas la Sainte-Vierge d'un amour que j'ose appeler *extraordinaire*.

Jésus n'est venu à nous que par Marie, nous ne pouvons aller à Jésus que par Marie ; Marie toute seule peut nous conduire à Jésus.

Allez donc vous donner à Marie ; *attachez-vous à Marie* comme un enfant s'attache à sa mère — *servez* Marie comme une pauvre sert la riche princesse qui l'a adoptée et qui veut l'enrichir — *cherchez à faire plaisir* à Marie en remplissant tous vos devoirs comme une amie cherche à faire plaisir à son amie.

2. Une enfant qui aime la Sainte-Vierge ne peut continuer longtemps son assiduité à la prier sans prendre les sentiments, les habitudes, l'esprit de Jésus enfant. C'est de Marie surtout qu'il est vrai de dire : *Dis-moi qui tu fréquentes, je te dirai qui tu es.* Plus heureuse que les mères qui peuvent former seulement le corps de leur enfant, Marie peut donner aux siens, *le cœur, l'âme qu'elle veut;* et ce cœur et cette âme, oh ! comme elle les fait beaux, purs, vertueux ! Comme elle est fière de dire d'eux à Jésus-Christ : *Tous mes enfants vous ressemblent.*

Voulez-vous en faire l'expérience ? Pendant un mois seulement, dites avec piété votre chapelet — à peu près à chaque heure, récitez un *Je vous salue, Marie* — communiez toutes les semaines en l'honneur de Marie — accomplissez avec générosité chacun de vos devoirs : *prévenance, bonté, rapports, renoncement pour ces mille petites contrariétés de la journée, services rendus avec simplicité, temps bien employé*... comme si vous deviez, le soir, les présenter à Marie — Faites chaque semaine une petite aumône — Ne vous reposez pas sans demander généreusement pardon de vos manquements de la journée...

C'est peut-être un peu gênant, mais *un mois* passe vite... Après, demandez à votre mère *ce qu'elle pense de vous.*

3. Dirigée, protégée, formée par Marie qui agira en vous sans vous faire sentir le travail qu'elle fait, vous deviendrez *humble* comme Jésus adolescent, et *forte* comme Jésus faisant tout ce que voulait son Père.

Vous vous apercevrez petit à petit que les vanités du monde vous déplaisent, et vous sourirez au souvenir des futilités de toilette que vous avez recherchées ; *plaire* ne vous sera plus rien, et alors seulement vous plairez sans le savoir.

Vous travaillerez avec paix sous le regard de Marie qui vous encouragera, et ce que vous ferez sera bon et utile.

Vous sentirez en vous le désir permanent de faire plaisir à tous, et ce désir, embellissant votre visage, donnera de l'activité à votre vie, répandra de l'amabilité sur tout ce que vous ferez et rayonnera la joie dans toute la maison. Vous vous oublierez avec bonheur.

C'est insensiblement mais sûrement que se produit cette action de Marie sur l'âme qui généreusement veut lui faire plaisir et qui, grâce aux lumières reçues et aimées, comprend qu'être vertueuse c'est être forte, c'est être constante, c'est savoir se priver, se renoncer, se donner...

Vienne l'heure du sacrifice — et cette heure vient toujours pour la femme plus encore que pour l'homme, et elle est plus douloureuse, plus impressionnante et exige plus de générosité — *l'enfant de Marie est prête*. Elle ne peut pas toujours cacher ses larmes, mais elle sait toujours obéir et continuer sa vie de dévouement.

LIVRE SECOND

# LA JEUNE FILLE ET LA PAROISSE

# LA JEUNE FILLE ET LA PAROISSE

## CHAPITRE PREMIER

### LA PAROISSE EN GÉNÉRAL

E mot *Paroisse* indique ici l'*Eglise* qui élevée au milieu d'une population catholique qu'elle domine — est pour les âmes et pour chaque âme en particulier ce qu'est, au milieu d'un groupement de maison, cette maison particulière que chacun appelle *maison paternelle, ma maison*.

Douce appellation que celle-là, *ma maison.*

Là, tout est à moi, tout est pour moi,

Là, vit mon père, vit ma mère, vivent mes frères, mes sœurs. Là je vois mon nom écrit partout, je sens que mon nom est aimé de tous.

*Maison paternelle, ma maison ;* elle m'est toujours ouverte quelle que soit l'heure où je veux y rentrer.

*Ma maison,* j'y suis toujours accueilli avec affection, j'y trouve tout ce que réclament les besoins de mon cœur, les aspirations de mon intelligence, les tristesses et les douleurs de ma vie.

Ame catholique, tout cela tu peux le dire avec plus de vérité de ton *Eglise paroissiale.*

I

La paroisse et l'âme

1. La paroisse est pour l'âme ce que la famille matérielle est pour le corps vivant et animé.

Elle donne à l'âme tout ce que la famille donne à l'être humain, perfectionne ce que la famille donne, et ajoute ce qu'elle ne peut donner.

La paroisse est *la famille des âmes,* et là seulement, l'âme trouve tout ce dont elle a besoin.

Là, les âmes peuvent se regarder et s'aimer les unes les autres comme se regardent et s'aiment des *sœurs* dans la famille.

Là, les âmes jouissent, toutes, des mêmes privilèges, participent aux mêmes leçons, reçoivent les mêmes soins, viennent s'asseoir ensemble à la même table.

C'est que, là, toujours vit et réside, dans toute l'étendue de sa puissance, de sa tendresse, de sa richesse, de sa délicatesse, de sa science, l'*Etre* qui est le centre de la famille et sans lequel nulle famille ne peut exister :

## Jésus-Christ

Jésus-Christ, qui sous la forme de la Sainte-Hostie renfermée dans le tabernacle, comme dans son sanctuaire, est à la fois *le Père* et *la Mère,* possédant en Lui, dans un degré infini, c'est-à-dire inépuisable :

*La puissance du Père,*
*La tendresse de la Mère,*

se manifestant à nous, se communiquant à nous, se donnant à nous par le ministère visible du prêtre à qui il dit : *Comme mon père m'a envoyé, je vous envoie — Allez enseigner — Je suis avec vous jusqu'à la consommation des siècles — Qui vous écoute m'écoute.*

Aussi le prêtre, parlant au nom de Jésus-Christ, appelle-t-il chaque âme : *Mon enfant,* et chaque âme a-t-elle le droit de lui dire : *Mon Père.*

2. Jésus-Christ, dans l'Eglise paroissiale, *est* et *fait* pour les âmes tout ce qu'*est* et tout ce que *fait* le père de famille pour ses enfants.

Il y est toujours ; et chaque fois qu'un catholique vient dans *sa paroisse,* il peut dire en toute vérité : *Mon Père est là !*

Il y sera toujours, parce que, à toute heure du jour ou de la nuit, une âme peut avoir besoin de la Sainte Communion, et Jésus-Christ ne veut pas que, par sa faute, cette âme soit privée de nourriture. Il exigera que toujours l'*entrée de là paroisse* soit facile à toute âme qui désirera venir à Lui ; et toute âme est sûre de trouver toujours :

Près du *Père,* la parole qui console,

Près du *Maître,* la lumière qui dirige,

Près du *Bienfaiteur,* l'aumône qui relève,

Près de *Celui qui peut tout,* l'espérance qui rassure.

Sans église paroissiale que deviendraient nos âmes ?

3. Sans doute, partout où est la Sainte-Eucharistie, Jésus-Christ s'y trouve avec toute sa puissance et toute sa miséricorde. Il est dans les *oratoires privés,*

Il est dans les *chapelles des communautés* tout comme dans les *Eglises paroissiales,* mais; on peut le dire avec vérité, Il est là, en quelque sorte *moins Père* pour ceux qui, étrangers à la Communauté, délaissent l'Eglise paroissiale sans autre raison qu'un attrait produit par la sensibilité et par l'imagination.

Dans les chapelles des communautés, il y a peut-être quelque chose de plus mystérieux, de plus impressionnant ; on y prie, ce semble, avec plus de recueillement et de ferveur, mais là, on n'est pas *chez soi.*

L'imagination, le cœur y trouvent peut-être plus de charmes, mais l'âme n'y reçoit pas ordinairement la même vigueur.

Dans ces chapelles, la sainte communion est en quelque sorte *le repas de l'amitié ;* il paraît plus succulent, il ne nourrit pas mieux ; peut-être même rend-il moins fort pour la lutte.

Ce n'est pas sans raison que subsiste l'obligation pour tous les fidèles d'aller recevoir la *communion pascale* dans la paroisse.

4. Dans les chapelles des communautés, Jésus-Christ est là spécialement pour ceux qui desservent ces chapelles ; dans l'Eglise paroisse, Jésus-Christ est là, directement, pour tous les membres de la paroisse

qui ne forment qu'une même famille, la famille catholique.

Les prêtres attachés à la paroisse sont, là eux-aussi, spécialement pour tous les fidèles ; il y a *obligation* pour eux de résider là, de recevoir tous ceux qui ont besoin d'eux, de les écouter, de se dévouer, de rester avec eux, même aux dépens de leur vie.

Ce que d'autres prêtres font *par charité*, eux le font *par devoir ;* ils s'y sont obligés.

Serviteurs du Maître et du Père Jésus-Christ, ils sont aussi les *serviteurs des fidèles* quelle que soit la position sociale des paroissiens, leur fortune, la pauvreté de leurs vêtements, le degré de leur intelligence, l'état de leur santé.

5. Certes, nous n'aurons jamais de paroles assez fortes pour proclamer la nécessité des *religieux* qui, indépendamment de leur sanctification personnelle, ont pour but :

de soutenir et d'augmenter la puissance et l'éclat de l'Eglise en montrant, en elle et par eux, ce qu'il y a de plus héroïque dans la pratique des vertus,

de venir en aide à l'Eglise dans les soins qu'elle prodigue aux âmes,

de lui servir de défense contre ceux qui l'attaquent; défense qui semble plus spécialement réservée aux religieux, parce qu'ils ont plus de temps à donner à l'étude et qu'ils sont plus libres dans leur action,

de procurer à quelques âmes une formation et une direction dont elles ont besoin pour arriver à la perfection à laquelle Dieu les appelle.

Les chapelles des religieux rendent de réels services aux paroisses ; là se font des retraites spéciales, là se ranime de temps en temps la foi qui semblait dormir — mais ces chapelles ne peuvent remplacer les paroisses. La paroisse sera toujours la *maison des âmes* et ce sera toujours pour un catholique un honneur et un bonheur d'être un *paroissien fidèle*.

La paroisse tient de la façon la plus intime *à l'organisation même de l'Eglise* et les curés qui reçoivent directement leur pouvoir de l'Evéque se rattachant par lui à la vivante et indissoluble unité du ministère apostolique dont le souverain Pontife est le chef.

C'est par l'intermédiaire des curés préposés à chaque paroisse et non par les religieux que les fidèles reçoivent les enseignements de la foi ;

C'est par les curés à qui les Evêques les transmettent que les fidèles reçoivent communication des paroles du Pape, des définitions de foi qu'il promulgue, des lois disciplinaires qu'il juge à propos de faire ;

C'est par les curés que les paroissiens sont associés à ce beau mouvement qui partant du centre de Jésus-Christ lui-même comme de sa source, et passant par le Pape et par les Evêques, se répand dans toutes les parties du monde catholique, comme le sang dans les membres de l'homme porte la vie jusqu'aux extrémités.

Les religieux sont les enfants de l'Eglise ; ils ont été créés par elle ; ils lui appartiennent ; ils vivent de sa vie ; ils travaillent sous son regard ; ils reçoivent d'elle leur vie et leurs pouvoirs. Elle est l'arbre, ils sont les branches, ils sont les fleurs les plus belles. Or, les branches, les fleurs, les fruits, les feuilles *tout est à l'arbre*.

6. Dans l'Eglise paroissiale, tous les dimanches et les jours de fête, *une messe est célébrée obligatoirement* pour tous *les membres de la paroisse*.

Là et là seulement, peuvent s'accomplir les quatre grands actes qui constituent la vie de famille des âmes.

Le *Baptême*, qui donne à l'âme sa vie surnaturelle. Il peut être administré partout en cas de nécessité, mais ce n'est que dans l'Eglise paroissiale qu'il est entouré de rites sacrés qui sans ajouter à sa puissance, donnent à l'âme des grâces particulières ;

La *première Communion*, qui unit l'âme à Jésus-Christ, aliment de la vie surnaturelle. L'âme pourra renouveler ailleurs cette puissance de vie, mais elle a dû la puiser dans la *maison paternelle*, et cette première communion laisse en elle des souvenirs ineffaçables ;

Le *Mariage* qui, perpétuant la vie naturelle, devient sacrement par la présence du prêtre et oblige de donner la vie divine aux enfants que le bon Dieu enverra ;

La *Sépulture* enfin qui ramène dans la maison du Père le corps que l'âme a abandonné et que le Père veut bénir une dernière fois.

De la paroisse, et seulement de la paroisse, sort Jésus-Christ allant auprès du malade qui ne peut venir à Lui, pour se donner une dernière fois, et lui servir de *viatique* pendant son voyage vers l'éternité.

La première Communion fut faite dans la paroisse, la dernière communion se fait par la paroisse.

## II

### La Paroisse et le Cœur

1. Le cœur ne ressentira pas, dans l'Eglise paroissiale, les émotions, les joies, les douces et pures sensations qu'il ressent dans la famille naturelle et dont il est si avide.

L'église paroissiale, nous l'avons dit, est fondée spécialement *pour les âmes* dont la véritable vie est toute surnaturelle.

Elle leur donne cette vie par le Baptême,

Elle entretient cette vie par l'Eucharistie,

Elle forme et dirige cette vie par les instructions du prêtre,

Elle rend à cette vie la force et l'activité qu'elle perd dans le contact du monde par le sacrement de pénitence.

Mais, *le cœur* trouve aussi, dans cette église paroissiale, une large part de joie et de douces et pieuses émotions.

Elles ne sont pas les mêmes que celles de la famille, mais elles ont une délicatesse particulière ; elles font éprouver des sensations moins vives mais plus douces, plus intimes, plus durables et qui surtout ont, sur l'ensemble de la vie, une influence réelle.

On connaît vite, à leur douceur, à leur retenue, à leur réserve sans affectation et sans gêne, à leur dévouement plus assidu, à l'aménité de leur caractère, les personnes qui aiment leur Eglise paroissiale qui en suivent assidûment les offices, y vont écouter les instructions, et sont heureuses de se prêter à ce qui rend cette église plus attrayante.

C'est que, dans l'affection donnée à l'Eglise paroissiale ce n'est pas le *cœur seul* qui s'attache comme dans la famille, c'est l'*âme* aussi, l'âme surtout, l'âme qui communique au cœur quelque chose de divin, l'âme qui influe plus que le cœur encore sur le caractère. C'est elle, par son union avec Dieu, qui donne au cœur sa délicatesse, sa puissance d'affection, sa constance dans le dévouement.

2. De l'Eglise paroissiale, et avec plus de vérité, on peut dire ce que dit le poète des murs de la maison paternelle :

> Objets inanimés avez-vous donc une âme
> Qui s'attache à notre âme et la force d'aimer ?

Oui, ils ont une âme, ces murs de l'Eglise paroissiale !

Ils ont une âme, ces *fonts baptismaux*, cette *chaire*, ce *confessionnal*, cet *autel*, ce *tabernacle* surtout, cette *statue de la Sainte-Vierge* et de l'*Ange gardien*, cette *Table Sainte*...

Ils ont une âme, et cette âme nous parle, et les paroles qu'elle nous dit, ne sont ni imaginaires, ni puériles.

Sur son lit de mort, Lacordaire se reportant à ses premières années, disait :

« Mes souvenirs personnels commencent à se débrouiller vers l'âge de sept ans.

Deux actes ont gravé cette époque dans ma mémoire.

Ma mère m'introduisit alors dans une petite école pour y commencer mes études classiques, et me conduisit auprès du curé de la paroisse pour y faire mes premiers aveux.

Je traversai le sanctuaire et je trouvai, seul, dans une vaste et belle sacristie, un vieillard vénérable, doux et bienveillant. C'était la première fois que je m'approchais du prêtre ; je ne l'avais vu jusque là qu'à l'autel, à travers les pompes de l'encens.

Il s'assit sur un banc et me fit mettre à genoux près de lui. J'ignore ce que je lui dis et ce qu'il me dit lui-même ; mais le souvenir de cette première entrevue entre mon âme et le représentant de Dieu me laissa une impression pure et profonde.

Je ne suis jamais rentré dans la sacristie de S. Michel de Dijon, je n'en ai jamais respiré l'air, sans que ma première confession me soit apparue sous la forme de ce beau vieillard et de l'ingénuité de mon enfance.

L'Eglise tout entière de S. Michel a, du reste, participé à ce culte pieux, et je ne l'ai jamais revue sans une certaine émotion qu'aucune église n'a pu m'inspirer depuis.

Ma mère, Saint-Michel, ma religion naissante, font dans mon âme *une sorte d'édifice,* le premier, le plus touchant et le plus durable de tous. »

Ce que ressentit Lacordaire, qui de nous ne l'a pas ressenti ? Les souvenirs qui se sont éveillés si doux en lui, qui ne les a pas vu revivre dans son âme ? Certes, de toutes les chapelles où Dieu s'est manifesté à nous, il reste *quelque chose* de pieux et de bon, mais ce quelque chose n'est pas si fort, si puissant, si adhérent à notre être que les souvenirs *de la paroisse* où nous allions, tous les dimanches, en habits de fêtes, avec notre mère, not e père, toute notre famille. C'était bien là, un second *chez nous* où nous avions *notre place*, la nôtre. Et quand après une longue absence nous la retrouvons, c'est toujours le cœur ému que nous nous y replaçons un instant.

Un poète, vivant loin du bon Dieu, Hégésippe Moreau, revint uu jour dans son pays natal, et par un instinct qu'il ne s'expliquait pas, voulut revoir sa paroisse.

A peine entré, dit il, je tombai à genoux :

Et je balbutiai : *Seigneur, faites-moi croire !...*
Le vent d'hiver pleura sous le parvis sonore ;
Et soudain je sentis que je gardais encore
Dans le fond de mon cœur, de moi-même ignoré
Un peu de vieille foi, parfum évaporé...

3. Certes, elle avait bien raison, la mère de S. François de Sales de dire à son fils :

« Ne l'oubliez jamais, votre plus grand titre de gloire, ce n'est pas le château de vos pères, c'est l'Eglise où vous avez été fait chrétien. »

Il avait bien raison, cet évêque, de dire de l'Eglise paroissiale :

« Elle est, *dans l'ordre spirituel,* ce que sont les autres édifices *dans l'ordre temporel.* »

Elle est *la maison commune* où — avec un zèle qui ne se lasse jamais — se traite tout ce qui a rapport aux intérêts des âmes des paroissiens. Entre Dieu et le prêtre, il y a un courant continuel de paroles, de conseils pour maintenir ces âmes dans la vérité ; pour les relever et les rendre fortes.

Maison *commune* où tous peuvent entrer quand ils le veulent, sans permission à demander à personne, — où tous ont une place à eux, *leur place.*

En dehors de sa propre habitation, le catholique n'est nulle part ailleurs *plus à l'aise* que dans son Eglise paroissiale. Il se sent là complètement chez lui ; et si le poète a pu dire :

*Tout homme a deux pays : le sien, et puis la France,*

Il peut dire, lui aussi :

*Tout homme a deux maisons : la sienne, et puis l'Eglise.*

Elle est *une école* où, en chaire et au confessionnal, le prêtre, instruit par Dieu, fait pénétrer fortement et suavement dans chaque âme la parole qui l'éclaire dans ses doutes, la guide dans ses démarches, la rassure dans ses craintes, lui montre avec clarté ce qu'elle doit faire.

Elle est *un asile hospitalier* où l'âme trouve tout ce qui lui est nécessaire :

> malade, le remède ;
> triste, la joie ;
> délaissée, l'affection ;
> méprisée, la protection ;
> fatiguée, le repos :
> accusée, la défense.

Elle est *un lieu de repos :*
pour *le cœur* qui a besoin de solitude, de paix, d'affection, d'intimité et même d'un peu de mystère,
pour *l'esprit* qui a besoin de délassements paisibles qui lui font oublier ses fatigues et qui aspire à voir, à connaître, à sentir, à apprécier les belles et grandes productions des artistes chrétiens, les seuls réellement compris.

Elles ont certes leur beauté réelle, les *fêtes profanes*, mais elles ne valent pas nos fêtes religieuses.

Elles exaltent pendant ces quelques heures qu'on passe dans cette atmosphère de luxe, de décors, d'émotions habituellement sensuelles, mais elles ne donnent ni au cœur, ni à l'esprit, ni à l'âme surtout la sérénité, la paix, la joie douce que donnent nos fêtes religieuses.

On sort des fêtes profanes comme on sort d'un rêve avec un vide dans l'âme. On a perdu quelque chose. — On sort de nos fêtes religieuses, le cœur épanoui, l'esprit satisfait et l'âme plus forte. On emporte quelque chose.

Dans l'*Eglise paroissiale,* dit Mgr Francqueville :
Aucun noble désir qui n'y soit satisfait,
Aucune juste demande qui n'y soit accueillie,
Aucun péril qui n'y soit conjuré,
Aucun malheur qui n'y soit réparé,
Aucune souffrance qui n'y soit apaisée,
Aucune maladie spirituelle qui n'y soit guérie,
Aucun effort qui n'y soit encouragé,
Aucune généreuse ardeur qui ne s'y alimente,
Aucune vertu qui n'y ait déjà un commencement de récompense.

4. Complétons ces pages par les magnifiques paroles de Mgr Pie, qui indiquent si bien ce qu'est pour l'âme et le cœur l'*Eglise paroissiale.*

« Tout, dit-il, tout, dans nos Eglises, chante un hymne à la bonté de Dieu.

« Ecrivez sur la façade extérieure du temple, écrivez jusqu'au sommet de la flèche aérienne : *Bonté*, bonté du Très-Haut qui a daigné fixer sa tente parmi les enfants des hommes.

« Mais multipliez cette douce parole, placez-la sur toutes les parties inférieures de l'édifice sacré.

« Ecrivez sur ces fonts baptismaux : *Bonté*, bonté qui me régénère, qui me purifie, qui m'adopte, qui m'ouvre les yeux.

« Ecrivez sur ces tribunaux sacrés de la pénitence : *Bonté*, bonté qui me pardonne, qui me guérit, qui me relève septante fois sept fois, qui calme mes remords, qui me rend la paix de l'innocence.

« Ecrivez sur ces chaires chrétiennes : *Bonté*, bonté qui me proclame l'heureuse nouvelle, l'Evangile ; bonté qui enseigne, au milieu des variations sans cesse renaissantes des opinions humaines, une doctrine incorruptible, immuable ; au milieu des clameurs tumultueuses et passionnées des partis, une doctrine de paix et d'amour ; au milieu des accablantes épreuves de la vie, une doctrine d'espérance et d'immortalité.

« Ecrivez sur ces tabernacles, écrivez-y en caractères d'or : *Bonté*, bonté qui me nourrit de l'aliment même des anges, qui m'enivre d'un calice délicieux ; bonté qui met mon Sauveur sous mes yeux, sur mes lèvres, dans mon cœur.

« Ecrivez au-dessous de cette image de Marie, écrivez-y en lettres d'azur : *Bonté*, bonté qui accueille les pêcheurs, qui leur sourit, qui leur tend les bras ; bonté qui console la pauvre mère, qui bénit et console les petits enfants, qui assiste le jeune homme dans les rudes combats de son âge, qui protège la timide innocence des vierges exposées à tant de dangers et de perfidies ; bonté qui adoucit la vie, qui adoucit la mort, qui adoucit le jugement.

« Mes frères, que j'élève ou que j'abaisse mes regards, de quelque côté que je les promène dans le saint lieu, partout la bonté divine m'apparaît et rayonne en traits ineffaçables. »

*

L'aspect de nos temples a inspiré à un incrédule célèbre, Michelet, cette page émue :

« Hommes grossiers, qui croyez que ces pierres sont des pierres, qui n'y sentez pas circuler la sève et la vie, chrétiens ou non, révérez, baisez le signe qu'elles portent, le signe de la Passion ; c'est celui qui a fait triompher la liberté morale. Il y a ici quelque chose de grand, d'éternel. Le drame éternel de la passion se joue chaque jour dans l'Eglise.

« L'Eglise est ce drame elle-même : c'est un mystère pétrifié, une Passion de pierre, ou plutôt c'est *le Patient*. L'édifice tout entier, dans l'austérité de sa géométrie architecturale, est un corps vivant, un homme. La nef, étendant ses deux bras, c'est l'Homme sur la croix ; la crypte, c'est l'Eglise au tombeau ; la tour, la flèche, c'est encore lui, mais debout et montant au ciel. Dans ce chœur incliné par rapport à la nef, vous voyez sa tête penchée dans l'agonie, vous reconnaissez son sang dans la pourpre ardente des vitraux.

« Touchons ces pierres avec précaution, marchons légèrement sur ces dalles. Tout cela saigne et souffre encore. Un grand mystère se passe ici, et je suis tenté de pleurer. »

### III

#### L'esprit paroissial

Le mot *esprit* veut dire ici, manière particulière de voir, de penser, de juger, d'agir, — commune entre les membres d'une même famille ou d'une même société.

1. L'esprit paroissial fait regarder l'*Eglise paroissiale* comme *un complément* de la maison paternelle et fait naître dans le cœur ce quelque chose d'affectueux qu'on éprouve pour la maison paternelle. — Sentiment moins *sensible* peut-être mais plus élevé,

plus paisible, et, sans bien s'en rendre compte, plus
apprécié. — Ce sentiment est en quelque sorte plus
dans l'âme que dans le cœur.

Il porte à venir volontiers dans l'Eglise paroissiale,
à assister à toutes ses fêtes, à la préférer aux autres
églises, à s'y trouver à l'aise.

Il excite à participer à toutes les œuvres qui s'y
font et à se prêter volontiers à qui ce qui peut en
rehausser l'éclat.

2. L'esprit paroissial fait naître entre les prêtres
qui dirigent la paroisse — le curé plus spécialement
et les paroissiens, des rapports, toujours sans doute
dominés par *un grand respect*, mais simples et qui
permettent à ces prêtres d'établir des réunions de
piété, des conférences, des catéchismes, des ouvroirs
pour les pauvres, pour les tabernacles... et qui rendent les paroissiens dociles, assidus, empressés,
dévoués.

Il établit, *entre les paroissiens,* des rapports
d'amitié et de fraternité qui forment entre leurs
âmes comme des *liens de famille spirituelle,* aussi
doux et plus forts et plus utiles surtout que les liens
de l'amitié humaine. Les compagnes de première
communion, les associées d'une même congrégation,
les collaboratrices d'un catéchisme de persévérance,
les ouvrières dans une même œuvre, deviennent

facilement *des sœurs* qui, plus tard, dans le monde, se soutiennent et s'entr'aident.

3. L'esprit *paroissial* s'établit, se développe, se maintient sous l'influence des enseignements de Notre-Seigneur Jésus-Christ et par une grâce spéciale qui le fait vivre d'une *vie surnaturelle*.

C'est par l'effet de cette grâce spéciale que naît dans l'âme des paroissiens :

Dans leurs rapports avec les prêtres : le respect et l'obéissance fondés sur ces paroles : *Ecoutez-les : qui les écoute, m'écoute.*

Dans leurs rapports mutuels : la charité, le support, la bienveillance, fondés sur ces paroles : *Aimez-vous les uns les autres. — Ce que vous ferez au plus petit des miens, c'est à moi que vous le ferez.*

Dans leur conduite privée : la paix, l'amour du travail, fondés sur ces paroles : *Apprenez de moi que je suis doux et humble de cœur.*

C'est de cet *esprit paroissial* que naissent les devoirs dont nous allons parler.

# CHAPITRE SECOND

Devoirs envers la Paroisse

ES devoirs envers la paroisse comprennent :

1° *Le respect pour les prêtres de la paroisse.*
2° *L'assiduité aux offices de la paroisse.*
3° *Le zèle pour les œuvres de la paroisse.*

## I

### Respect pour les prêtres de la paroisse

1. Le *prêtre* de la paroisse, — celui à qui elle est confiée, celui qui répond devant Dieu de toutes les âmes de la paroisse, — c'est le *curé*.

Le nom du *curé*, qui lui est donné et qui signifie *prendre soin*, indique ce qu'il est pour tous et pour chacun d'eux.

Le curé c'est *l'homme à qui Dieu a imposé la charge, la paternité, le souci* des âmes au milieu desquelles il a été placé par son évêque et qui peut leur dire comme le disait S. Paul aux Corinthiens : *Quand même vous auriez dix mille maîtres en Jésus-Christ, vous n'auriez pas plusieurs pères ; c'est moi qui, par l'Evangile, vous ai engendrés à Jésus-Christ.*

A lui, de donner solennellement le Baptême, et nul n'a le droit de le donner sans son autorisation, ou celle de ses supérieurs.

A lui, d'admettre, pour la première fois, les enfants à la sainte communion.

A lui, de bénir l'union conjugale de ses paroissiens ; et sa présence est si nécessaire que, sans lui ou son représentant, le mariage serait invalide.

A lui, de porter le Saint Viatique aux malades et de leur donner l'Extrême-Onction.

A lui, de donner les *dispenses* qu'on croit nécessaires pour les différents actes de la vie chrétienne.

2. Le curé, c'est *l'homme de la doctrine et l'homme du conseil* à qui tous peuvent aller demander lumière et direction ; il est obligé de les écouter tous. Il est

l'homme du *S. Evangile* qu'il doit enseigner, propager, expliquer, mettre à la portée de tous.

Le curé est *l'homme de la prière pour tous.* Il est tenu tous les jours à prier pour ses paroissiens ; il est strictement obligé de célébrer la sainte Messe pour eux, tous les dimanches et les jours de fête.

Le curé est *l'homme de la charité et du dévouement maternel.*

Il a, *de la mère,* toutes *les délicatesses.*

Avec ses paroissiens, *ses enfants* — c'est le nom que leur donne S. Paül — il se plie à tout, comme la mère qui soigne les plaies saignantes de son enfant, il reste auprès des âmes malades; et les écoute avec bonté; il compatit avec des larmes, aux faiblesses, il les console, il les relève.

Il a de la mère, toutes les *inquiétudes.*

Son souci constant est *le bien* de tous. Sa préoccupation constante est celle-ci : *que puis-je faire pour eux;* sa prière habituelle : *Mon Dieu ! que je les mène à vous.* Et comme S. Paul, il peut dire et il dit : *qui pleure parmi vous sans que je pleure avec lui? Qui souffre sans que je souffre comme lui?*

Il a de la mère, l'*héroïsme.*

Labeurs, peines, veilles nombreuses, privations, il souffre tout. Rien ne l'étonne, rien ne le lasse, rien ne le rebute, rien ne lui répugne de ce qui peut contribuer au salut des âmes qui lui sont confiées.

Il a de la mère, *la tendresse affectueuse.*

Il porte tous ses enfants dans son cœur, et par affection pour eux il voudrait leur donner non-seulement l'*Evangile,* non-seulement ses *biens matériels,* mais *sa vie* tout entière. Il est toujours avec eux, il y sera toujours, alors même, et surtout, alors qu'une épidémie meurtrière viendrait répandre la mort parmi eux. Ah! mourir avec eux, mourir pour eux, c'est tout le désir de son cœur.

Il a de la mère toutes les *industries.*

Il se fait petit avec les petits, pauvre avec les pauvres, enfant avec les enfants; il pleure avec ceux qui pleurent... pour les amener tous à Jésus-Christ.

Il en a les *appels pressants.* Il les appelle, il leur dit qu'il les aime, il les conjure de dilater, eux aussi, leur cœur; il ne peut rester calme tant qu'il sent les siens dans la détresse, et s'il ne réussit pas à les sauver, il ne veut pas être consolé parce que ils ne sont plus à Dieu.

Il en a la *bonté inépuisable,* toujours compatissant, toujours miséricordieux, toujours plein d'indulgence, toujours prêt à courir au premier appel et comme le curé d'Ars le dit : J'accepterais bien de souffrir cent ans de toute manière, pourvu que le bon Dieu m'accordât la conversion de ma paroisse.

« O ma chère paroisse, disait M. Hamon, le pieux et saint curé de Saint-Sulpice à ses paroissiens réunis en foule au jour de ses noces d'or, — ô ma chère paroisse, comme je t'aime !

« Comme je t'aime avec ta chapelle de la Sainte Vierge où, sous l'œil de Marie, Jésus au Saint Sacrement reçoit une continuelle adoration — avec ta grande Eglise si souvent trop étroite pour contenir la foule qui s'y presse — avec ta Table sainte tous les jours si fréquentée, — avec tes beaux chants et tes beaux offices !

« Comme je t'aime avec tes confréries et les associations pieuses pour l'enfance, pour la jeunesse, pour l'âge mûr, pour l'un et l'autre sexe, pour la classe élevée et la classe laborieuse !

« Comme je t'aime avec tes fabriciens si honorables, si chrétiens — tes sœurs de charité si dévouées, , tes frères des écoles, tes instituteurs et tes institutrices, tes dames de charité si zélées pour soulager tout ce qui souffre, instruire tout ce qui est ignorant, ramener à la religion tout ce qui est éloigné !

« O chère paroisse, mon cœur s'ouvre et se dilate pour t'embrasser tout entière, et il y a large place pour tous !

« Toi aussi, dilate-toi pour embrasser tous tes prêtres dans ton affection. »

Laissez-nous reproduire ici une page de Lamartine, qui montre à tous, à ceux mêmes qui ne voient les choses qu'au point de vue humain, *ce qu'est un curé*.

« Il est un homme dans chaque paroisse qui n'a point de famille, mais qui est de la famille de tout le monde, qu'on appelle comme témoin, comme conseil ou comme agent, dans tous les actes les plus solennels de la vie; sans lequel on ne peut naître ni mourir; qui bénit ou consacre le berceau, la couche nuptiale, le lit de mort et le cercueil.

« Un homme que les petits enfants s'accoutument à aimer, à vénérer et à craindre; que les inconnus même appellent : *mon père;* au pied duquel les chrétiens vont répandre leurs aveux les plus intimes, leurs larmes les plus secrètes.

Un homme qui est le consolateur par état de toutes les misères de l'âme et du corps, l'intermédiaire obligé de la richesse et de l'indigence, qui voit le pauvre et le riche frapper tour à tour à sa porte : le riche, pour y verser l'aumône secrète, le pauvre, pour la recevoir sans rougir.

Un homme qui n'étant d'aucun rang social, tient également à toutes les classes : aux classes inférieures par la vie pauvre, et souvent par l'humilité de la naissance; aux classes élevées par l'éducation, la science et l'élévation des idées.

Un homme enfin qui sait tout, qui a le droit de tout dire, et dont la parole tombe de haut sur les intelligences et sur les cœurs avec l'autorité d'une mission divine et d'une loi toute faite.

Ses cheveux blanchissent, ses mains tremblent en élevant le calice, sa voix cassée ne remplit plus le sanctuaire, mais retentit encore dans le cœur de son troupeau.

Il meurt : Voilà une vie écoulée, voilà un homme oublié à jamais, mais, cet homme est allé se reposer dans l'éternité où son âme vivait d'avance, et il a fait ici-bas ce qu'il y avait de plus beau et de plus grand : il a continué un dogme immortel; il a servi d'anneau à une chaîne immense de foi et de vertus. »

Cette page, parlant du prêtre est belle sans doute, mais cette autre page du curé d'Ars est plus belle encore parce qu'elle est *plus surnaturelle*, et que le prêtre doit être vu, avant tout, au point de vue surnaturel.

« Le prêtre est un homme qui tient la place de Dieu, un homme qui est revêtu de tous les pouvoirs de Dieu.

Saint Bernard nous dit que tout nous est venu par Marie, on peut dire aussi que *tout nous est venu et nous vient par le prêtre* : oui *tous les bonheurs, toutes les grâces, tous les dons célestes*. Si nous n'avions pas le prêtre, nous n'aurions pas Notre-Seigneur Jésus-Christ.

Qui l'a mis là dans ce tabernacle ? Le prêtre.

Qui a reçu notre âme à son entrée dans la vie ? Le prêtre.

Qui la nourrit pour lui donner, la force de faire son pèlerinage ? Le prêtre.

Qui la purifie de ses fautes ? Le prêtre.

Qui la prépare à paraître devant Dieu ? Le prêtre. Toujours le prêtre.

Vous ne pouvez pas vous rappeler un seul bienfait de Dieu sans rencontrer, à côté de ce souvenir, l'image du prêtre.

Allez vous confesser à la Sainte-Vierge ou à un ange ; vous absoudront-ils ? Non. — Vous donneront-ils le corps de Notre-Seigneur ? Non.

La Sainte-Vierge ne peut pas faire descendre son divin Fils dans l'hostie.

Vous auriez là deux cents anges, qu'ils ne pourraient vous absoudre.

Un prêtre — tout simple qu'il soit — le peut ; il vous dit *Allez en paix, je vous pardonne*, et c'est fait.

Oh ! que le prêtre est quelque chose de grand ! Le prêtre lui-même ne se comprendra bien que dans le ciel ; si on le comprenait sur la terre, on mourrait, non de frayeur mais d'amour.

Après Dieu, *le prêtre c'est tout.* — Aussi laissez une paroisse vingt ans sans prêtre, on y adorera les bêtes.

Pour moi, si je rencontrais un prêtre et un ange, je saluerais le prêtre avant de saluer l'ange : celui-ci est l'ami de Dieu, mais le prêtre tient la place de Dieu. »

Ne sentez-vous pas qu'envers cet homme qui n'est pas comme les autres, cet homme de Dieu, cet homme à qui vous donnez si légitimement et si affectueusement le nom de *père*, vous avez les mêmes devoirs — mais à un degré plus élevé — qu'envers celui que, au point de vue matériel, vous appelez votre père ?

Devoirs de *respect* pour son autorité,

Devoirs d'*amour* pour son dévouement,

Devoirs d'*obéissance* pour son autorité,

Devoirs d'*assistance* dans ses vieux jours, si le bon Dieu permet qu'il soit dans le besoin.

Les collaborateurs du curé, les *vicaires (remplaçants, auxiliaires)* se formant, sous sa direction, au ministère qu'ils auront plus tard à remplir et lui venant en aide dans l'administration de la paroisse, ont droit, eux aussi au respect et à la soumission qui sont dûs au premier pasteur.

## II

### Assiduité aux offices de la Paroisse

Cette assiduité se rapporte surtout :

*à la messe paroissiale,*
*aux instructions faites dans la paroisse,*
*aux Vêpres,*
*aux Saluts,*
*aux différentes fêtes.*

#### I. LA MESSE PAROISSIALE

La messe paroissiale est celle qui, tous les dimanches et tous les jours de fête d'obligation, est célébrée par le curé pour tous les paroissiens.

Nous n'avons pas à parler ici du sacrifice de la messe en lui-même — à en dire la grandeur — à proclamer la gloire qu'il rend à Dieu, l'abondance des grâces qu'il fait descendre, comme une pluie bienfaisante et fécondante sur le monde entier, mais de son effet en particulier *sur la paroisse* au milieu de laquelle il est offert, et plus particulièrement encore *pour les fidèles* qui, réunis autour de l'autel, assistent à sa célébration.

Accumulez toutes les *vertus* et les *bonnes œuvres* des Anges, des hommes, de la très sainte Vierge

Marie elle-même, toutes les louanges, tous les honneurs, toutes les devoirs qu'ils rendent et qu'ils rendront à Dieu pendant toute l'éternité... cet ensemble de prières, de louanges, d'œuvres divines, ne procureront pas à Dieu autant de gloire qu'une *seule messe*... C'est que, à 'la messe, celui qui prie, qui glorifie, c'est Jésus-Christ·

Réunissez les supplications des âmes les plus saintes, les sacrifices des âmes les plus généreuses, les actes les plus héroïques des apôtres et des martyrs... vous n'auréz pas une *source de grâces, de bénédictions, d'expiations, de préservations* aussi grande que les grâces qui d'une seule messe s'étendent sur le monde entier. C'est que, à la messe, celui qui s'offre, celui qui demande, c'est Jésus-Christ.

Ô paroissiens! Il n'y a pas pour vous obligation absolue d'assister à la *messe paroissiale.*

Toute messe entendue, dans quelque chapelle que ce soit, suffit pour remplir le précepte, mais si vous saviez ce que vous perdez en abandonnant, sans raison, la *messe paroissiale directement célébrée pour vous!*

Pendant toute autre messe entendue, il y a pour vous sans doute de précieuses grâces, mais elles sont moins intimes, moins personnelles que les grâces reçues pendant la messe personnelle, *célébrée pour vous.*

Oh! si vous pouviez comprendre tout ce qui se fait et se dit *pour vous sur cet autel* et tout ce qui, de cet autel, rayonne en vous de grâces et de bénédiction.

La messe paroissiale, c'est *une audience* à laquelle Jésus-Christ a convié, ce jour-là, tous les habitants de la paroisse et pendant laquelle Il vous écoute tout spécialement, vous qu'Il a fait appeler ; Il écoute tout ce que vous avez à lui dire pour vous et pour les vôtres : vos peines, vos plaintes, vos inquiétudes... tout — mais si, sans raison, vous n'êtes pas là ?

La messe paroissiale, c'est pour vous qui êtes là, un *étalage* des trésors de Dieu, et Jésus-Christ vous dit : *choisissez, demandez, prenez* — mais si vous n'êtes pas là ?

La messe paroissiale, c'est une *source* de paix, de joie, de consolation, de force, de sainteté, surtout pour ceux qui pendant cette messe font la sainte communion — mais si vous n'êtes pas là ?

La messe paroissiale, c'est un *plaidoyer* en votre faveur par Jésus, auprès de son père, et pendant que vous êtes là, suivant les prières de la messe, ou récitant votre chapelet, vous pouvez dire en toute vérité : *Jésus prie pour moi — Jésus demande pour moi — Jésus expie pour moi* — mais si vous n'êtes pas là ?

Ailleurs, c'est *vous* qui avez voulu assister à la messe; dans votre paroisse, c'est *Dieu* qui vous y appelait.

Assistez donc *à la messe paroissiale;* elle est pour vous, celle-là, c'est *votre messe;* et assistez-y en famille, le plus que vous pourrez.

II. ASSISTANCE AUX INSTRUCTIONS FAITES DANS LA PAROISSE

Il y a dans les paroisses des *instructions* faites chaque dimanche, pendant la messe paroissiale, et quelquefois aussi — avec grand profit pour les fidèles — faites à chacune des messes de ce jour.

C'est le *prône.*

Le prône n'a pas l'apparât des grands sermons. C'est la conversation familière du prêtre qui veut là, être seulement *le père qui instruit, et le pasteur qui dirige,*

> Qui se pénètre bien de ce sublime rôle
> Que sur ces cœurs d'enfants exerce sa parole.
> « Je me dis que je vais donner à leur esprit
> `L'immortel aliment dont l'ange se nourrit
> *La vérité...*
> Et la main étendue, au Seigneur je demande
> De préparer mon cœur; que lui-même descende,

Et vienne me dicter ces douces paraboles
Par lesquelles Jésus instruisant les humains
Faisait toucher le ciel aux plus petites mains.
Puis, je pense tout haut pour eux ; le cercle écoute,
Et mon cœur dans leur cœur se verse goutte à goutte. »

Voilà bien là le père qui instruit en aimant.

Le prône est une suite d'instructions sur *la nature, les devoirs, les épreuves, les espérances de la vie chrétienne*, de cette vie qui pour s'entretenir, s'affermir, se développer, devenir active et méritoire a besoin de s'alimenter de *la vérité* comme la vie naturelle a besoin d'être alimentée par le pain matériel.

Au *prône* seul, que l'Eglise impose rigoureusement au curé tant elle en comprend l'importance — se donne cette instruction simple, suivie, régulière, méthodique qui rappelle, complète ce qui a été enseigné au catéchisme et entretient, dans la volonté, la force de mettre la vie en rapport avec le devoir.

On peut sans doute suppléer au prône par des lectures sérieuses et réfléchies, mais elles sont rares, bien rares, les jeunes filles qui, leur éducation finie ou mieux *laissée*, s'astreignent à lire, chaque semaine, une page de ces livres dont nous avons parlé — si beaux cependant même au point de vue littéraire : *Monsabré, Pereyve, Lacordaire, le P. Félix,*

*Bougaud, Dupanloup, Gretry, Frayssinous, de Maistre...*

Elles lisent encore quelques livres de piété — ceux qui leur plaisent, parce que *ils leur plaisent.* — Elles assistent aux sermons où la foule se rend empressée. — Elles suivent, une fois ou deux par an, une *retraite* qui certes leur fait du bien. — Elles communient même fréquemment et elles le font avec piété. — Et elles se croient *grandes chré- tiennes.*

Ecoutez cette belle page du célèbre père Lavigne :

« Dans le temple tout est leçon.

Leçons et leçons sublimes ces images vénérées, ces augustes symboles, cette attention pieuse d'un peuple prosterné et surtout les leçons de l'autel et celles des offices sacrés.

Mais, la leçon principale, c'est, le dimanche, le *prône,* le prône de la paroisse, le prône où le pasteur communique simplément, familièrement avec son troupeau.

Il y a, dans le prône, des paroles pour les plus ignorants, des paroles aussi pour ceux qui sont plus avancés dans la science religieuse.

Le prône, c'est la leçon indispensable ; et je ne crains pas de le dire, *rien ne peut le remplacer.*

On parle de prédicateurs éminents... Oui, tant qu'on voudra, mais pourvu qu'il *y ait dans l'âme la place nécessaire pour recevoir l'enseignement simple et familier du pasteur de la paroisse.*

C'est avec bonheur que je proclame non pas seulement *l'importance, mais la nécessité du prône paroissial...* Sans le dimanche et ses leçons, il n'y a point de science religieuse. »

« Nous sommes des étrangers nous autres, dans la paroisse, quand nous prêchons, disait Massillon ; Lui, le curé, est le pasteur... Sa parole a une grâce et une vertu particulière pour ses brebis ; il parle avec l'autorité et la tendresse d'un père ; les vérités les plus simples tirent dè la grâce de son ministère, une bénédiction que nous ne saurions donner aux nôtres. »

### III. ASSISTANCE AUX VÊPRES

Les *vêpres* sont l'office paroissial célébré dans la soirée du dimanche.

L'Eglise qui les a instituées pour donner au dimanche plus de solennité et pour que *ce jour du Seigneur*, sanctifié dès la première heure par le sacrifice de la messe, fût encore sanctifié, à l'heure où s'éteint le jour, par un chant public de louanges à Dieu — a voulu venir en aide à l'obligation imposée aux Fidèles de consacrer à Dieu le dimanche tout entier.

Il n'y a pas obligation stricte d'*assister aux vêpres*. L'Eglise *invite* seulement les fidèles à venir se joindre à elle, mais elle le fait de manière à montrer le désir ardent qu'elle aurait de voir tous ses enfants autour d'elle près de l'autel.

Ne pas assister aux vêpres *par mépris* serait une faute, ne pas remplacer les vêpres par quelque autre exercice religieux aidant à la sanctification du dimanche ne pourrait guère s'excuser de faute. C'est se priver au moins des grâces attachées à la prière, faite en commun et en union avec les fidèles — c'est se priver de recevoir et de donner un exemple de piété.

Et — c'est à votre cœur que nous nous adressons, ô jeunes filles, — est-ce aimer le bon Dieu, est-ce être reconnaissantes envers le bon Dieu, que *mesurer strictement* les obligations qu'il nous impose pour ne pas aller au-delà — alors que rien de sérieux n'excuse ou notre indifférence ou notre négligence ?

N'est-ce pas *un plaisir*, quelquefois *assez mondain*, qui nous attire loin de la paroisse, à l'heure des vêpres ?

Et vous vous plaignez que le bon Dieu ne vous donne pas ce que vous lui demandez ?

L'assistance *aux vêpres* est peut-être la pratique qui aujourd'hui distingue le mieux les *bons chrétiens* des *demi-catholiques*, les personnes *vraiment pieuses* des *dévotes mondaines*.

Il n'est pas rare de voir des personnes qui communient souvent et qui, tantôt sous prétexte d'*œuvres*, tantôt sous prétexte de *réunions diverses*, de *conférences*, de *fêtes profanes*, ne vont presque jamais aux vêpres.'

Oui, certes, il faut quelquefois se gêner un peu et faire quelque sacrifice pour assister aux vêpres, mais une vie sans sacrifice, est-elle une vie chrétienne ?

### IV. ASSISTANCE AU SALUT

Le *salut*, c'est le nom attribué par l'Eglise à la bénédiction donnée aux fidèles par Jésus-Christ lui-même tenu entre les mains du prêtre.

Peu de cérémonies publiques sont aussi émouvantes que celles-là.

La pensée se reporte doucement et affectueusement vers cette scène de l'Evangile nous représentant Jésus-Christ entouré de petits enfants, levant sur eux ses mains divines et les bénissant.

Ces enfants, c'est *nous*... et nous le voyons lever ses mains sur nous et nous l'entendons nous dire : *je te bénis*.

Bénir, c'est *dire* sur quelqu'un de bonnes paroles et de pieux souhaits qui pénètrent son âme comme la rosée pénètre la terre.

Bénir, c'est faire sur un corps et sur une âme ce signe de la croix qui lui dit : *Tu es racheté, tu es pardonné, tu es protégé.*

Bénir, c'est élever vers le ciel ses mains ouvertes comme pour puiser dans le cœur de Dieu une abondance de grâce et la répandre sur la personne qu'on bénit.

Bénir, c'est aimer, c'est faire comprendre qu'on aime.

Oh ! ne vous privez pas volontairement d'une *bénédiction du S. Sacrement.* On ne sort jamais, après avoir été bénit par Notre-Seigneur Jésus-Christ, sans emporter plus de joie, plus de force, plus de paix, plus de dévouement.

## V. ASSISTANCE AUX FÊTES

Nous l'avons dit, les fêtes de la paroisse sont plus belles que toutes les fêtes profanes — plus belles aussi parce que elles ont quelque chose qui leur est particulier — que les fêtes pieuses des oratoires quelque brillantes qu'elles soient.

Et ce ne sont pas seulement *des impressions* qu'elles laissent, mais de profonds et inoubliables souvenirs qui se renouvellent chaque année, et qui chaque année, font retrouver à l'âme à mesure qu'elle avance dans la vie et qu'elle ne peut plus y participer, les émotions de sa jeunesse pieuse.

O brillante et émouvante *première communion* qu'on revoit, d'autant plus émouvante, qu'on y suit du regard et qu'on y a préparé soi-même un petit frère, une petite sœur, et... plus tard, qu'on y verra ses enfants.

O *communion pascale*, qui donne tant de joies intimes et qui rapproche les cœurs en rapprochant les âmes ; communion pascale d'un membre de la famille longtemps éloigné de Dieu et que nos prières, nos sacrifices, notre influence ont ramené.

O *réception d'Enfant de Marie* toujours si impressionnante !

O *processions* qui se déroulent dans l'intérieur de l'Eglise et souvent dans les rues de la ville, image de la procession et de l'enthousiasme des saints dans le Paradis.

O *pèlerinages* qui se font de temps à autres, entraînant toute une paroisse vers les sanctuaires de Marie ; pélerinage d'*enfants de Marie*, pélerinage de *mères de famille*, pélerinage d'*hommes résolus*.

O encore, *Saint Viatique* porté publiquement à un mourant qui l'a demandé pour lui servir de guide dans son voyage au Paradis et accompagné d'une foule pieuse qui prie et le prépare par là à bien mourir.

Non, non, nulle part que dans *une paroisse* on ne voit de si belles fêtes, on ne participe à de si émouvantes et de si utiles fêtes !

## III

### Zèle pour les œuvres de la Paroisse

Les œuvres de la paroisse sont
ou *intérieures* se faisant dans l'intérieur de l'Eglise paroissiale — nous indiquerons seulement la *Congrégation*
ou *extérieures* se faisant en dehors de l'Eglise paroissiale, mais ayant là, sous la direction du curé ou du prêtre qui en est chargé, leur centre d'action, c'est-à-dire leur *inspiration* et leur *direction*.

Ce sont :
l'œuvre des *catéchistes volontaires*,
l'œuvre du *vestiaire des pauvres*,
l'œuvre des *tabernacles*,
que nous allons rapidement indiquer.

### I. LES CONGRÉGATIONS

Une congrégation est, dans les paroisses, la réunion de quelques personnes qui, désirant vivre plus pieuses, s'engagent à pratiquer ensemble différentes œuvres de piété sous la direction d'un prêtre.

L'Eglise a toujours approuvé et favorisé la formation des congrégations dans les paroisses et a accordé à ceux qui en font partie de nombreuses indulgences.

Les saints en ont reconnu l'importance, et Saint-Alphonse de Liguori disait : *Si un séculier me demande ce qu'il doit faire pour se sauver, je ne sais rien lui conseiller de plus utile et de plus sûr que d'aller à la Congrégation de la Sainte Vierge.*

S. Charles Borromée recommande aux confesseurs *d'engager fortement leurs pénitents à entrer dans une congrégation.*

Saint François de Sales, saint Alphonse de Liguori, tous les saints, tous les prêtres insistent auprès des âmes qui leur sont confiées, pour qu'elles fassent partie d'une Congrégation. *Il y a beaucoup à gagner à être congréganiste,* disait S. François de Sales, *et il n'y a rien à perdre. — Quand je vois un chrétien qui n'est d'aucune confrérie,* disait le curé d'Ars, *je ne sais sur quoi m'appuyer pour espérer son pardon; mais s'il a le bonheur d'appartenir à l'une d'elles, j'ai l'espérance, malgré qu'il soit mauvais, que tôt ou tard, les prières de ses confrères obtiendront son retour à Dieu.*

C'est que tous les saints savaient par expérience que :

1. Toute association pieuse, réglée, dirigée est une force puissante *pour résister* aux entraînements du dehors et aux lâchetés du dedans.

Vous, pauvre jeune fille, comment, toute seule, pourriez-vous ne pas accepter une partie de plaisir, ne pas assister à une réunion profane dans lesquelles vous le savez, il y aura péril pour votre innocence ?

Vous hésiterez peut-être, puis vous vous laisserez entraîner, vous vous livrerez.

Mais, cette pensée : Je suis congréganiste ; j'ai promis de ne pas aller dans ce monde de plaisir ; je dois l'exemple à mes compagnes ; je serai exclue de leur réunion ; je n'oserai plus revêtir ma robe blanche, ni porter publiquement ma médaille bénite.... Cette pensée, croyez-vous qu'elle ne vous retiendra pas ?

2. Toute association pieuse, réglée, dirigée, est un moyen puissant *pour s'enrichir*.

Dès que sous le regard de Dieu, quelques âmes se sont unies, établissant entre elles des prières en commun, des exercices communs, des œuvres de charité en commun — tout le bien que fait chaque membre en particulier se répand sur tous les membres de l'association.

Une prière n'est plus isolée, une communion n'est plus isolée, un renoncement n'est plus isolé, une souffrance pieusement supportée n'est plus isolée.... Chacun de ces actes appartient à vous toutes, pieuses congréganistes ; sur chacune de vous, il rayonne son mérite ; la plus faible, la plus timide, la moins expérimentée, dès qu'elle est unie à ses compagnes par les liens de la règle a, devant Dieu, les mérites de toutes.

3. Toute association pieuse, réglée, dirigée, est une force qui attire au bien, qui retient dans le bien qui entraine à faire le bien,

Il y a *la prière en commun* qui attire Dieu au milieu de celles qui la font.

Il y a *la parole de Dieu* adressée spécialement aux congréganistes.

Il y a *le bon exemple* ; il y a *l'intimité* formée sous le regard de Dieu et devenue une source de joie, un appui pour la faiblesse, et un véritable moyen de sanctification.

4. Toute association pieuse, réglée, dirigée, met surtout sous la protection spéciale du patron de l'association.

Pour les jeunes filles, les congrégations sont ordinairement placées sous le patronage de la Sainte Vierge qui devient ainsi *leur modèle, leur protectrice, leur mère.*

Et lorsque, après un temps plus ou moins long, la jeune fille qui a désiré et qui a demandé d'être *enfant de Marie*, et a montré par sa conduite pieuse, soumise, réservée, dévouée, qu'elle le méritait, lorsque le prêtre directeur l'a admise à prononcer son *acte de consécration* — alors, elle peut, étendant ses bras vers l'image de Marie, comme elle les tendrait vers sa mère, dire avec bonheur et une profonde conviction :

*Je suis l'enfant de Marie !*

Ô jeune fille, ce mot n'est pas une parole vaine et sans réalité ; ce mot prononcé par vous n'est que l'écho de ce mot dit par Marie à l'heure où vous veniez vous donner à elle : *Je suis ta mère !*

Et elle sera votre mère ; et, pour votre âme, elle aura toute la tendresse, toute la délicatesse, toute la prévoyance, tout le dévouement, que votre mère de la terre a pour votre santé, pour votre avenir, pour votre bien-être matériel.

« Ce n'est pas une simple prière que cet *acte de consécration* que je viens de prononcer — écrivait une enfant de Marie — je le sens bien, parce que je l'ai voulu : c'est un engagement solennel, irrévocable, contracté, par l'inspiration de Dieu, sous le regard de Dieu, et approuvé par le ministre de Dieu, un engagement avec la très sainte Vierge la mère de Jésus-Christ, pour qu'elle me garde pure et sainte près de son Fils Jésus.

Et cet acte a fait de moi, comme un de ces *objets sacrés* qui ne peuvent être employés sans profanation à des usages, je ne dis pas mauvais, mais même simplement futiles.

Comme *ces temples* qui portent sur leurs murs le nom de celui à qui ils ont été voués.

Comme *ces dons* déposés sur l'autel du Seigneur et, qu'il n'est plus permis de reprendre. Mon cœur, mon âme, tout en moi appartient à Marie pour qu'elle le donne à Jésus!

Je suis à elle, et je veux qu'au ciel se lise sur mon front ce titre sacré : *Enfant de Marie*, le plus doux, le plus glorieux après celui de *chrétienne*. »

## II. L'ŒUVRE DES CATÉCHISTES VOLONTAIRES

1. L'œuvre des catéchistes volontaires est par excellence l'œuvre de zèle des enfants de Marie.

Elle consiste à réunir — comme on le peut et où on le peut — pour *leur parler du bon Dieu* :

Les pauvres enfants des écoles laïques à qui on ne parle jamais de Dieu, et qui ne peuvent aller au catéchisme de la paroisse,

Les enfants des catéchismes qui, plus ignorants ou plus arriérés, ne peuvent que difficilement suivre les leçons données aux autres,

Les enfants abandonnés que les parents laissent vagabonder ne s'occupant jamais de leur âme.

C'est une nouvelle croisade à prêcher par toute la France, disait un évêque; il nous faut, comme dans les pays infidèles, des âmes d'apôtres. Et ces apôtres, c'est vous, jeunes filles, vous, femmes pieuses !

Levez-vous donc, venez à votre pasteur et dites-lui : *Nous voici !*

Venez, vous toutes jeunes filles, en attendant que Dieu fixe votre vie dans une voie ou dans une autre.

Venez, vous destinées à fonder une famille chrétienne, pour apprendre, auprès de ces enfants, que le bien le plus précieux à répandre autour de vous, est celui de la foi.

Venez, vous que Dieu appellera dans le cloître ; vous commencerez ainsi à exercer le don de vous mêmes.

Venez aussi, mères qui, après avoir rempli votre tâche auprès de vos enfants à vous, avez encore quelques loisirs.

Venez, ouvrières, qui saurez sacrifier à Dieu, pour le faire connaître, quelques-uns des moments pris sur les heures de votre repos.

Oh ! comme le divin Maître saura vous récompenser.

2. C'est au prêtre qu'appartient la direction de l'enseignement et la manière de le donner. Les catéchistes volontaires ne doivent agir que d'après ses conseils.

Nous dirons seulement qu'elles doivent apprendre aux enfants :

1° Les prières usuelles, et les faire réciter bien lentement,

2° Les éléments de la doctrine et de la morale catholique,

3° La pratique de la confession et de la préparation à la sainte Communion,

4° Les pratiques les plus simples de la vie chrétienne.

« Sans doute, dit Léon XIII, la charge de prêcher, d'enseigner la foi appartient de droit divin aux docteurs, c'est-à-dire aux Evêques que l'Esprit Saint a établi pour régir l'Eglise de Dieu.

... Néanmoins on doit bien se garder de penser qu'il est interdit *aux particuliers* de coopérer d'une certaine manière à cet apostolat... Toutes les fois que la nécessité l'exige (et à cette heure cette nécessité est évidente) les laïques peuvent aisément, non certes s'arroger la mission de docteurs, mais communiquer aux autres ce qu'ils ont eux-mêmes reçu et se faire pour ainsi dire l'écho de l'enseignement des maîtres. *La coopération privée* a été jugée par les Pères des Conciles du Vatican tellement *opportune et féconde* qu'ils n'ont pas hésité à la réclamer. »

L'Eglise accorde des indulgences aux pères et aux mères qui enseignent la doctrine chrétienne *chez eux* à leurs enfants et à leurs domestiques; elle en accorde aussi à tous les fidèles qui étudient la doctrine chrétienne ou pour s'en instruire eux-mêmes ou pour l'enseigner aux autres.


### III. L'ŒUVRE DU VESTIAIRE DES PAUVRES

Le *vestiaire des pauvres* est un local dans lequel, une ou deux fois par semaine, les paroissiennes qui ont peu de loisir, femmes, jeunes filles surtout, viennent, sous la direction d'une *maîtresse d'ouvrage, confectionner des vêtements pour les pauvres.*

Ce sont surtout des *layettes* pour petits enfants,

des *robes* pour premières communiantes,

des *blouses* pour enfants des écoles,

tout ce qui peut être utile, aux enfants spécialement.

Les travaux de *tricot, bas, gilets*, etc., toujours pour les pauvres, sont réservés pour la maison où chacune des travailleuses trouve par là le moyen d'utiliser ces moments de la journée qui se perdent si facilement.

Le travail du vestiaire est la mise en action d'une de ces *œuvres de miséricorde* auxquelles sont promis d'une manière si formelle et l'amitié de Dieu sur la terre, et le ciel après la mort.

Sur l'un des murs du *vestiaire*, au-dessous du grand crucifix qui domine toutes ces travailleuses dévouées, sont inscrites, bien visibles, ces paroles :

*J'étais sans vêtements et vous m'en avez donné pour me couvrir.*

Elles sortent encore des lèvres émues de Notre-Seigneur Jésus-Christ, ces paroles consolantes ; et chacune de celles qui sont là les entend distinctement au fond de son âme. C'est à elles qu'elles sont dites.

Et ce n'est pas seulement *ce vêtement* que vous donnez — chères travailleuses du bon Dieu — et qui représente une somme d'argent que vous auriez pu employer pour vous — c'est *votre temps*, c'est une récréation, une heure de plaisir permis que vous sacrifiez — c'est votre *savoir-faire*, c'est votre *application* que vous offrez à Dieu.

Comment ne seriez-vous pas heureuses à la pensée que vous faites plaisir au bon Dieu ?

Nous n'insistons pas sur le *bonheur* que vous ressentez à faire des heureux,

sur la *joie* que fait naître entre vous cette union de pensées et de labeur, sur l'amitié qui se forme si pure, si sainte, si constante sous l'inspiration et la garde de la charité,

Sur la *rapidité* avec laquelle s'écoulent ces heures de travail si bien remplies, pendant que les mains vont ingénieuses et rapides, animées par la prière, par les chants, par les joyeuses causeries,

sur le *bonheur* que vous emportez dans votre famille et que vous répandez autour de vous.

Nous vous dirons seulement : offrez-vous, dès les premiers jours de votre arrivée dans votre famille, au prêtre directeur du vestiaire des pauvres et priez-le de vous faire admettre parmi les ouvrières.

## IV. L'ŒUVRE DES TABERNACLES

L'œuvre des tabernacles, c'est l'œuvre des pauvres appliquée à Notre-Seigneur Jésus-Christ dans l'Eucharistie, à celui que le P. Lacordaire appelait un jour : *Le Grand Pauvre.*

Oui, Jésus-Christ, sur la terre, est *pauvre ;* il veut avoir besoin de nous ; de notre *travail*, de nos *soins*, de notre *vigilance*, de notre *garde*.

L'œuvre des tabernacles est établie pour procurer à la paroisse d'abord, puis aux églises pauvres du diocèse ou des missions, les *linges* et les *ornements* nécessaires au saint sacrifice de la messe.

C'est un *ouvroir* dans lequel viennent travailler quelques personnes tout spécialement dévouées à Notre-Seigneur Jésus-Christ dans la Sainte-Eucharistie.

Là, il y a moins de cet attrait extérieur et de cette joie expansive que fait éprouver le travail pour les pauvres, mais il y a une joie plus intime, plus cachée, plus pieuse.

Dans cet ouvroir, se réparent les *ornements* que l'usage a détériorés,

Là, se confectionnent les *amits*, les *purificatoires*, les *corporaux*, les *aubes*, les *nappes d'autel*, des *ornements complets*.

Là, les personnes à qui Dieu a donné plus d'habileté sont heureuses d'appliquer leur talent pour la broderie, et d'offrir à Jésus-Christ un travail que les connaisseurs apprécieraient et envieraient.

En lisant la vie de Notre-Seigneur, disait un prédicateur aux jeunes filles de l'*œuvre des tabernacles*, vous vous êtes surprises quelquefois à regretter de n'avoir pas été à Bethléem au jour de sa naissance ; vous auriez été heureuses de fournir à la divine mère de Jésus, le linge qui servit à envelopper le corps de son enfant.

Vous auriez été heureuses encore de travailler avec la Sainte Vierge à tisser cette robe que Notre Seigneur a portée toute sa vie et que les bourreaux ont tirée au sort après sa mort.

Vous auriez été fières de remplir le rôle de Véronique, lorsque, n'écoutant que son amour, elle vint essuyer avec son voile la face ensanglantée de Jésus.

Oh ! chères enfants, ne regrettez rien de tout cela ; il vous est donné de remplir près de Notre Seigneur tous les services que lui rendaient et la Sainte Vierge et les saintes femmes de la Passion. Dans le tabernacle, sur l'autel, pendant la messe, il a besoin de vous comme autrefois il avait besoin de sa mère.

Vous remplacez Marie ; ô enfants, que vous êtes heureuses !

## IV

L'œuvre des *catéchismes*, l'œuvre des *pauvres*, l'œuvre des *tabernacles*, sont les principales œuvres auxquelles vous devez participer.

Si votre mère fait partie de quelques réunions de bienfaisance, priez la de vous conduire avec elle.

Si elle visite des familles indigentes, demandez lui de l'accompagner ; mais si elle refuse, n'insistez pas.

Nous vous l'avons dit dans la *Vie au Pensionnat :* N'embrassez pas toutes les *bonnes œuvres* qui se présentent ; n'accueillez pas avec enthousiasme toutes les *dévotions* dont on vous exalte les effets merveilleux ; ne vous surchargez pas de toutes les *prières* qui vous sont recommandées.

Pour tout ce qui a rapport directement ou indirectement *à la vie de votre âme*, n'ajoutez rien, ne modifiez rien de ce qui a été réglé entre votre directeur et vous, sans consulter votre directeur d'abord, et même, pour les choses extérieures, sans l'assentiment du curé de la paroisse et de votre mère.

*** 

Nous complétons notre travail sur la *paroisse* par les pages suivantes de *Mgr Gouthe-Soulard*, archevêque d'Aix, qui résument tout ce que nous avons dit :

« La paroisse, c'est votre *domicile spirituel local*.

On dit l'*amour du clocher;* quelle suave et énergique expression que celle-là !

L'amour du clocher, c'est l'amour de son foyer, de son père, de sa mère, de ses jours d'école et de catéchisme, de sa première communion, de ses meilleurs souvenirs d'enfance et de jeunesse.

On va visiter Paris, Londres, Rome, admirer les merveilles de la nature et de l'art ; c'est bien. Mais ces splendeurs ne vous parlent pas comme votre clocher ; vous n'avez pas grandi au milieu d'elles, vous n'y avez pas été bercées sur les genoux maternels, vous n'y avez pas reçu votre Dieu pour la première fois.

Rien de personnel ne vous y attache. Elles ont pu ravir vos yeux et votre esprit ; vous avez pu dire : *Que c'est beau !* mais vous n'avez pas dit : *Que c'est bon !*

Et près de la modeste église que vous appelez *ma paroisse,* est une habitation plus modeste, *le presbytère* où vit pour vous un homme qui vous rappelle Dieu, le Pape, l'Evêque, et que vous nommez *mon curé, notre curé.*

L'expression ne peut être plus vraie ; il est bien *vôtre,* il est bien à vous, à vous à toute heure ; *à vos enfants,* pour les baptiser, pour leur apprendre à connaître Dieu, à l'aimer, à le servir ; *à vous* pour vous instruire de vos devoirs ; à vous pour vous bénir et pour vous consoler dans vos peines, à vous pour vous assister, vous relever ; à vous en tout temps et en toute occasion... Il est tellement à vous qu'il est *le seul obligé par devoir* de rester auprès de vous au péril même de sa vie.

Regardez-les donc comme *votre chose et votre bien,* cette paroisse et ce curé ; et, jusqu'à la mort, attachez-vous à l'une et à l'autre. »

# TABLE DES MATIÈRES

# Table des Matières

# LIVRE PREMIER
## La Jeune Fille et la Famille

### CHAPITRE PREMIER
#### *La Famille*



### CHAPITRE SECOND
#### *La Jeune Fille dans sa Famille*

#### ARTICLE PREMIER
##### INFLUENCE DE LA JEUNE FILLE DANS SA FAMILLE

ARTICLE SECOND

VIE EXTÉRIEURE DE LA JEUNE FILLE DANS SA FAMILLE



ARTICLE TROISIÈME

VIE INTIME DE LA JEUNE FILLE DANS SA FAMILLE

## LIVRE SECOND

### La Jeune Fille et la Paroisse

### CHAPITRE PREMIER

*La Paroisse en général*



### CHAPITRE SECOND

*Devoirs envers la Paroisse*

a. 256.    AVIGNON. — IMP. AUBANEL FRÈRES.

# AUBANEL FRÈRES, ÉDITEURS

## IMPRIMEURS DE N. S. P. LE PAPE

### AVIGNON



# LE LIVRE DE PIÉTÉ
## DE LA JEUNE FILLE
# AU PENSIONNAT ET DANS SA FAMILLE

PAR L'AUTEUR DES " *Paillettes d'Or* "

OUVRAGE HONORÉ DE LA BÉNÉDICTION DE SA SAINTETÉ

*Approuvé par plusieurs Cardinaux, Archevêques et Evêques*

### 241me ÉDITION

*ÉDITION ORDINAIRE,* 850 pages, prix de 2 fr. 50 à 6 fr., suivant la reliure.

*EDITION DE LUXE,* 928 pages, impression rouge et noir, en caractères elzéviriens, sur beau papier teinté, avec encadrements, vignettes, lettrines. Prix de 5 fr. à 50 fr., suivant la reliure.

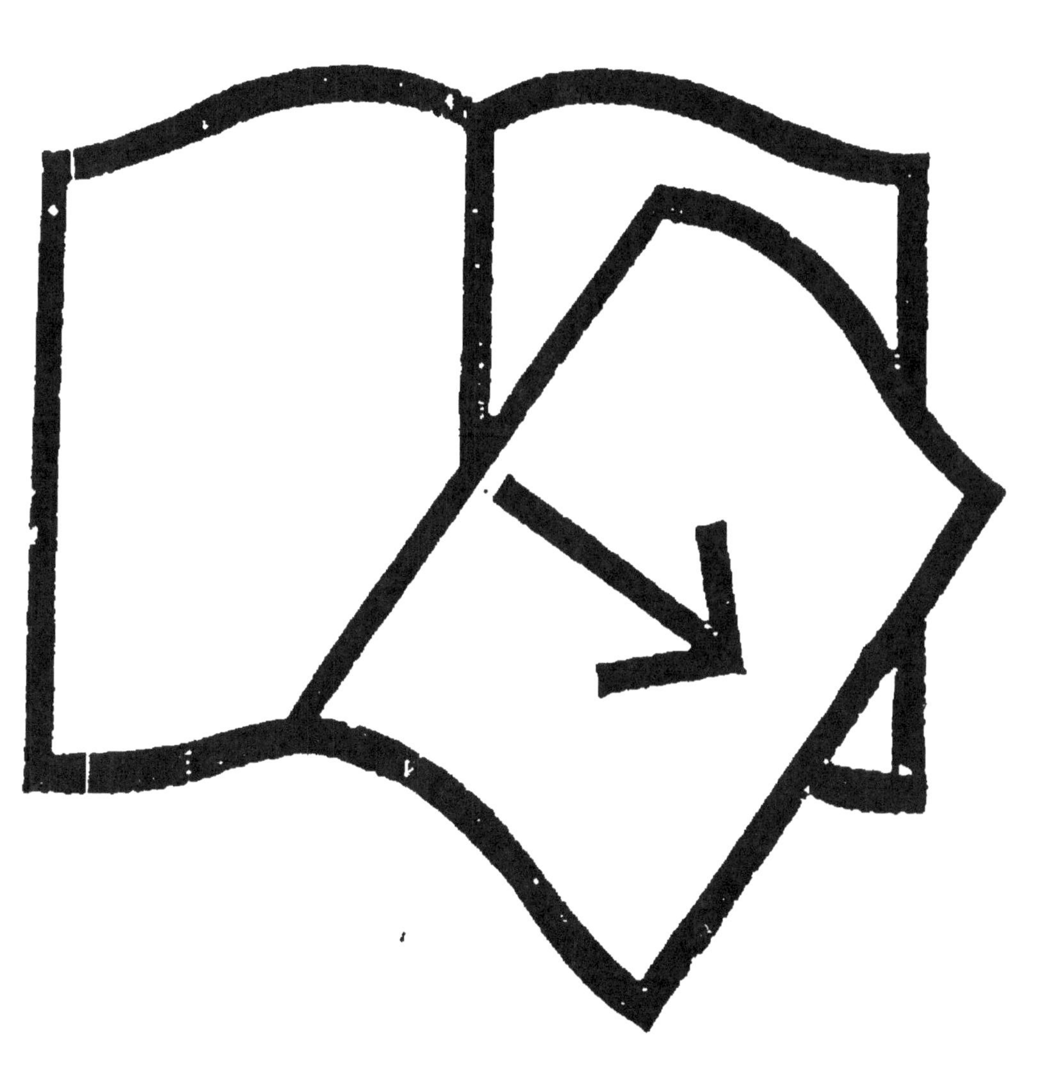

Documents manquants (pages, cahiers...)
NF Z 43-120-13